아름다운 참여

학생과 교사가 함께 읽는 사회참여 안내서

아름다운 참여
학생과 교사가 함께 읽는 사회참여 안내서

양설·강병희·김원태·김혜자·배성호·임광호·천희완 지음
전국사회교사모임 기획

———

2019년 2월 22일 초판 1쇄 발행
2023년 6월 19일 초판 5쇄 발행

———

펴낸이 한철희 | 펴낸곳 돌베개 | 등록 1979년 8월 25일 제406-2003-000018호
주소 (10881) 경기도 파주시 회동길 77-20 (문발동)
전화 (031) 955-5020 | 팩스 (031) 955-5050
홈페이지 www.dolbegae.co.kr | 전자우편 book@dolbegae.co.kr
블로그 blog.naver.com/imdol79 | 트위터 @Dolbegae79 | 페이스북 /dolbegae

———

주간 김수한 | **편집** 이경아
표지디자인 김하얀 | **일러스트** 김그래
본문디자인 이은정·이연경
마케팅 심찬식·고운성·조원형 | **제작·관리** 윤국중·이수민
인쇄·제본 한영문화사

———

ISBN 978-89-7199-924-0 (43370)

———

이 도서의 국립중앙도서관 출판예정도서목록(CIP)은 서지정보유통지원시스템 홈페이지
(http://seoji.nl.go.kr)와 국가자료공동목록시스템(http://www.nl.go.kr/kolisnet)에서
이용하실 수 있습니다.(CIP제어번호: CIP2019005298)

책값은 뒤표지에 있습니다.

———

머리말

현대 민주 정치가 맞이한 가장 큰 위기는 '시민의 정치적 무관심'입니다. 이 위기를 해결할 방법은 당연히 '시민의 관심과 참여'겠지요. 그렇다면 위기에 빠진 민주주의를 구할 시민의 나이는 몇 살 정도면 적당할까요? 나이가 어리면 사회에 관심을 갖고 참여하는 시민이 될 수 없을까요? 혹은, 나이만 채우면 저절로 참여하는 시민이 되는 걸까요?

어린이와 청소년은 선거권이 없기 때문에 정치인이 국민을 주권자로 대접하는 짧은 선거 기간에도 별다른 주목을 받지 못합니다. 그리고 일각에서는 여전히 어린이와 청소년에게 '어른들 일에 관심 갖지 말고 열심히 공부해서 나중에 훌륭한 사람이 되어야 한다'고 말하지요.

공부를 열심히 하는 것과 훌륭한 사람이 되는 것은 관련성이 조금 있을 수도 있고 전혀 없을 수도 있습니다. 훌륭한 사람이 어떤 사람인지는 정확히 모르겠지만 사회문제에 관심을 갖고 참여하는 시민으로서의 역할을 잘하는 사람인 것만은 분명하지요. 이런 멋진 사람이라면 굳이 나중에 되려고 미룰 필요는 없겠습니다.

어린이와 청소년에게는 선거권이 없지만 분명 주권자이며 시민입니다. 선거 때만 반짝 사회에 관심을 갖는 어른 유권자보다 선거권이 없더라도 항상 사회에 관심을 갖고 참여할 준비가 되어 있는 어린이와 청소년이 더 나은 시민, 훌륭한 주권자일 수 있습니다. 그리고 이들이 자라서 꾸려 나갈 사회 역시 지금보다 더 나은 사회가 될 것입니다.

이 책은 어린이와 청소년이 주권자이자 시민이 될 수 있는 방법으로 '사회참여 활동'을 제안합니다. '사회참여 안내서'라는 부제처럼 사회참여 활동을 처음 접하는 사람이라도 안내서를 하나하나 짚어 가며 따라가다 보면 어느새 사회참여에 능숙한 사람이 될 수 있도록 하기 위해 노력을 기울였습니다.

이 책의 초판본인 『아름다운 참여 – 청소년을 위한 사회참여 안내서』는 2004년에 출간된 이후 동일 분야에서 유사한 책을 찾아보기 어려울 만큼 독보적인 입지를 구축하면서 독자의 사랑을 꾸준히 받았습니다. 지금도 초·중·고등학교의 수업 시간에 사용되고 있을 만큼 현장 적용성도 높습니다.

그러나 이 책이 처음 출간될 무렵에는 국내에 축적된 청소년 사회참여 활동의 사례가 충분하지 못했고 청소년 사회참여 활동에 대한 이해와 홍보도 많이 부족했습니다. 이후 15년의 시간 동안 이 책과 함께 시민의 참여 의식도 성장하고, 국내 청소년의 사회참여 사례도 꾸준히 누적되었습니다. 우리 저자들은 촛불 세대의 진일보한 의식과 요구에 맞게 이 책을 새롭게 써야 할 필요성을 느끼게 되었습니다. 또한 학교에서 사회참여 활동을 지도하고 관련 행사에 참석하면서 청소년의 사회참여 활동 모습에서 아쉬움을 느꼈던 부분도 있습니다. 이러한 부분을 반영하고 보완하여 청소년의 사회참여를 위한 '더 나은' 안내서를 펴내게 되었습니다.

1부에서는 청소년의 사회참여가 왜 중요한지, 사회참여 활동을 한 청소년이 그 과정에서 느낀 바는 무엇인지, 또한 청소년기에 사회참여를 경험하고 이제는 성인이 된 '선배'들은 자신의 삶에서 이 경험을 어떻게 평가하고 있는지 이야기를 들어봅니다. 2부에서는 우리나라의 어린이와 청소년이 나름의 시각으로 학교, 지역, 사회를 진단하고 직접 해결에 나선 사례를 살펴봅니다. 3부에서는 사회참여 주제를 결정하는 과정에서 우리 사회의 어떤 분야와 문제를 고려할 수 있는지 다양한 선택지를 제공합니다. 4부에서는 효과적으로 활동하기 위해서 어떤 절차를 거치는 것이 좋은지, 각 단계별로 어떤 점을 주의해야 하는지, 실제 참여 활동에 필요한 서류는 어떻게 작성하는 것이 좋은지 등을 설명합니다.

그동안의 청소년 사회참여 활동을 되짚어 보면서 교사, 부모, 청소년 지도사의 역할이 무척 중요하다는 것을 알게 되었습니다. 그래서 5부에서는 선생님을 위한 사회참여 수업 방법을 추가해 초·중·고등학교에서 사회참여 수업을 할 수 있는 다양한 방법과 지도할 때 선생님이 유의해야 할 점을 사례와 함께 소개합니다.

2004년에 초판 『아름다운 참여』를 펴낸 김원태, 천희완, 이민정, 공영아, 장대진 선생님의 용기와 노고가 없었다면 2019년의 이 책을 펴내는 것은 몹시 어려운 일이 되었을 것입니다. 이 책의 일곱 명의 저자는 앞선 다섯 분 선생님에게 특별한 고마움을 전합니다.

2019년 2월
대표 저자 양설

사회참여 활동 안내

선생님을 위한 사회참여 수업 방법

부록 청소년의 사회참여 활동 터전

I

자신과 사회를
변 화 시 킨
청　소　년

청소년의 사회참여는 사회뿐 아니라 청소년 자신의 삶도 변화시킵니다. 물론, 모두를 위해 더 나은 방향으로의 변화이지요.

참여 민주주의로의 발걸음과 함께 우리나라 청소년의 사회참여 활동은 1990년대 후반부터 본격적으로 물꼬를 텄습니다. 2000년 성공회대학교에서 열린 제1회 '청소년사회참여발표대회'를 시작으로 그 내용과 방법에 대한 공유도 본격화했습니다. 그동안 우리 일상과 지역 구석구석까지 청소년의 눈길과 손길이 닿았으며 청소년의 힘으로 우리 사회의 법률, 행정, 정책, 제도, 예산이 조금씩 개선되었습니다.

이해타산을 따지기보다 있는 그대로의 정의로움을 추구하고 우리 사회에서 가장 미래 지향적인 요구를 하며 민주주의 사회의 구성원으로서 자신의 재능과 역량을 아낌없이 펼쳐 내는 청소년 시민의 목소리는 바쁜 일상 속에서 시민의 책무를 잠시 잊고 있던 어른에게도 큰 울림과 감동을 줍니다.

사회참여를 해 본 청소년은 말합니다. "보다 나은 사회를 만들기 위해 시작했는데 나도 같이 성장했다." 청소년의 사회참여가 더욱 늘어나면 우리 사회는 어떻게 달라질까요? 아름다운 청소년들의 아름다운 참여를 기다립니다.

1. 사회를 변화시킨 청소년

우리 청소년이 주장하면 어른은 귀를 기울입니다

인간 발달 과정에서 보면 인간은 태어나면서 신생아기, 영아기, 유아기를 거쳐 아동기에 이릅니다. 아동은 어린이라고도 하는데 6세부터 12세에 해당합니다. 아동기 다음이 청소년기인데 보통 13세부터 18세에 해당합니다. 그 뒤는 성년기, 중년기, 노년기라고 합니다.

　인간은 어린 사람을 돌보고 그의 의견을 존중하는 존재입니다. 갓난아이가 울면 주변의 어른은 갓난아이에게 가서 어디가 아픈지 무엇을 원하는지 살펴보고, 조건을 따지지 않고 그에게 맞는 일을 합니다. 세상에서 가장 왕처럼 대우 받는 존재가 갓난아이일 것입니다.

　어린이가 되면 정확하게 말하고 좋고 싫은 것을 뚜렷이 밝힙니다. 부모님께 '저는 그 음식을 먹기 싫어요' 하면 부모님은 어쩔 줄 몰라 하면서 어린이가 원하는 방향으로 음식을 조절해 줍니다.

　청소년기가 되면 약간 달라지기는 합니다. 부모님에게 말을 해도 '그건 네가 알아서 하렴' 하면서 금방 나서지 않습니다. 그래도 청소년이 간절하게 요청을 하면 대부분의 어른은 받아 주고 도우려 합니다.

　가정뿐만 아니라 사회도 마찬가지입니다. 청소년은 미래의 주인이고 희망입니다. 청소년이 희망하는 것이고, 또 그것이 사회에 나쁜 영향을 주지 않는다면 어른은 청소년의 뜻을 받아들이는 것을 좋아하고 자랑스러워합니다.

　이 책에서 이야기하는 청소년은 자신의 생각을 뚜렷이 이야기할 수

있는 어린이를 포함합니다. 청소년이 바라는 바를 말하고 요구하는 것
은 당연하며, 어른은 청소년의 요구를 실현하기 위해 노력합니다. 그
러므로 청소년은 자신감을 갖고 자신의 의견을 과감하게 주장해도 좋
습니다.

청소년은 미래 지향적이고 사회문제에 민감합니다

청소년은 미래가 어떻게 될지 잘 모릅니다. 자신이 부자가 될 수도 있
지만, 가난한 사람이 될 수도 있습니다. 그래서 자연스럽게 부자나 가
난한 자나 어느 정도 인간답게 살 수 있는 세상을 원합니다.

앞으로 살아가야 할 시간이 많은 청소년은 당연히 미래에 대하여
더 걱정하고 주장하고 나섭니다. 그리고 어른은 이러한 청소년의 처지
와 열정을 알기에 그 의견을 존중하고 실현하는 데 도움이 되고자 하
는 것입니다.

기성세대는 자신이 살고 있는 사회에 익숙합니다. 그래서 사회가
변화하지 않아도 그런대로 살아갑니다. 경우에 따라서는 새로운 제품
이 나와도 익숙한 예전 제품을 그대로 사용하기도 합니다.

청소년은 다릅니다. 새 제품을 빨리 사용하려 하고, 비효율적·비합
리적인 것은 인정하지 않으며, 자유·평등·정의의 실현을 위해 어른보
다 앞장서서 나섭니다.

청소년이 참여하면 사회를 변화시킬 수 있습니다

청소년은 육체적으로나 정신적으로 사회에 관심을 갖고 참여할 수 있

❶ 4·19의거 당시 서울 수송초등학교 어린이들. 우리의 형제들에게 총
  을 쏘지 말라고 외치며 데모에 가세했다.(동아일보 1960.4.26.)
❷ '0교시, 야자 보충 반대'를 외치는 청소년들. "잠 좀 자고, 밥 좀 먹
  자. 우리는 공부하는 기계가 아니다."(민중의 소리 2008.4.18.)
❸ 국사교과서 국정화 반대 4차 청소년 거리행동(뉴시스 2015.10.31.)
❹ '박근혜 하야 전국 청소년 비상행동' 소속 학생들이 '최순실 게이트'
  진상규명과 박근혜 대통령 퇴진 촉구 4차 촛불집회에 앞서 사전집
  회를 갖고 있다.(뉴시스 2016.11.19.)
❺ 세월호 참사 청소년 추모문화제에서 416개의 노란 풍선을 하늘로
  빌리고 있다.(뉴시스 2017.4.15.)
❻ 특성화고 학생, 현장실습생 2천 명 권리선언 기자회견. 학생들이 '청
  소년노동보호법제정'이 적힌 피켓을 들고 있다.(뉴시스 2017.10.29.)
❼ 촛불청소년인권법제정연대 회원들이 청소년의 정당 활동 권리를 요
  구하며 행진을 하고 있다.(뉴시스 2017.12.12.)

는 능력을 가진 존재입니다. 미래에 대한 관심, 공평무사한 태도, 실천력 면에서는 어른보다 뛰어난 능력을 발휘하기도 합니다.

옛날에는 16세를 성년으로 인정하고 군역(軍役)이나 요역(徭役)에 동원하기도 했습니다. 국방과 국가 토목 사업에 함께한 것입니다. 황산벌 전쟁에서 신라군에게 용기를 주면서 전쟁의 선봉에 선 화랑 관창은 16세였고, 나라를 잃은 울분을 담고 3·1만세운동의 선두에 선 유관순 열사는 17세였습니다. 4·19혁명에서 '우리의 형제들에게 총부리를 대지 말라'고 외치면서 나섰던 학생들은 10여 세의 초등학생이었고, 미군 장갑차에 치여 억울하게 죽은 미선이와 효순이를 위해 나선 이도 중·고등학생이었습니다.

입시 위주 교육 반대, 세월호 침몰 사건 진실 규명, 국사교과서 국정화 반대, 대통령 탄핵 등 사회적으로 중요한 문제와 고비 앞에서 청소년은 자신의 목소리를 당당하게 내면서 사회 변화를 촉진했습니다. 최근에는 청소년 스스로 정치적 권리인 선거권을 얻기 위해 노력하고 있습니다.

스스로 사회참여를 실천해 봅시다

누구나 뜻을 세우고 꾸준히 노력하면 희망하는 바를 이룰 수 있습니다. 자신이 변화의 주체라고 생각하는 순간 사람은 자신의 인생을 바꾸고 나아가 사회를 발전시킵니다.

내 주변의 문제부터 시작합시다. 어떤 학생은 '자기 집 앞과 골목 청소하기', '점심시간 질서 지키기', '전봇대가 있어 다니기 불편한 인도 개선하기' 등의 활동을 했습니다.

이렇게 내 주변의 문제부터 들여다보고 활동을 하다 보면 점점 시

야가 넓어지고 배포도 생겨서 '학교 구성원의 인권 보호하기', '청소년
권리 향상하기', '잘못된 제도와 법률 고치기'와 같은 활동도 기획하고
실천하게 됩니다.

　작은 일부터 차근차근 실천하다 보면 사회만 변화하는 것이 아니라
어느 순간 자신도 부쩍 성장하고 변화함을 느끼게 됩니다.

2. 청소년이 성장하는 사회참여

사회참여 활동을 해 본 청소년들은 한 목소리로 세상을 바라보는 관점이 달라지고 생각하는 능력이 자랐다고 이야기합니다. 어떤 청소년은 앞으로의 삶에서 가장 중요하게 여길 가치와 진로를 찾았다고 말하며, 자신감과 시민 의식을 갖게 되었다고 말합니다.

사회참여 활동을 해 본 청소년이 말하는 성장 경험

우리의 힘으로 문제를 해결하기 위해 캠페인, 중구청과의 면담, 독자 투고, 통신사에 와이파이 빈(Wifi Bin) 설치 건의 등의 활동을 했다. 그 과정에서 문제를 해결하기 위해 노력하는 자세를 배웠고, 우리의 행동으로 지역사회를 바꿀 수 있다는 자신감을 얻었다. 그리고 무엇보다 주변의 환경 문제에 관심을 갖게 되었고 쓰레기통 설치라는 단기적인 해결이 아닌 궁극적인 목표인 '환경보호'를 일상 속에서 실천하게 되었다.

— 「이색 쓰레기통을 활용한 깨끗한 남포동 거리 만들기」, 경남고 깨끗男4, 청소년사회참여발표대회 8회 대회 참가 *

예전의 나라면 뉴스에서 보고도 그냥 지나쳤을 문제다. 이제는 우리가 관심을 갖지 않는 사이에 다양한 문제가 발생할 수 있고 결국 그 책임은 전적으로 시민인 우리가 지게 된다는 것을 알게 되었다. 그래서 이번 의정부 경전철 파산

* 민주화운동기념사업회 주최, 청소년사회참여발표대회 자료집(http://youth.kdemo.or.kr/latest)에서 인용했습니다. 이하 같습니다.

사태는 시청에도 책임이 있지만 시민에게도 일부 책임이 있다고 생각한다. '만약 시민이 시가 추진하는 사업에 대해서 관심을 가지고 참여했다면 지금처럼 되었을까?'라는 생각을 하면서 이제라도 우리의 것을 지켜 나가는 것이 필요하다고 생각했다.

— 「의정부시 경전철 사업 문제점 파악 및 시민을 위한 공간으로의 활성화 방안」, 발곡고·호원고 연합(꼬망세),
청소년사회참여발표대회 8회 대회 참가

흔히 청소년을 미래의 주인공이라고 말하지만, 사실 청소년은 기성세대가 만들어 놓은 미래에서 살게 된다. 우리 사회에서 청소년의 역할은 미미하거나 거의 없다. 청소년이 정말 미래의 주인으로 자리 잡기 위해서는 청소년의 사회참여가 늘어나야 한다. 평소에 그냥 지나쳤던 일상의 것들을 한 번 더 돌아보고, 사회의 문제점을 파악하고, 직접 정책을 제안하는 과정 속에서 우리는 주체성과 자율성을 발휘할 수 있었다. 이번 활동을 통해 청소년이 사회참여를 할 수 없을 정도로 유약하거나 미성숙한 존재는 아니라는 생각을 갖게 되었다.

— 「대중교통 약자를 위한 정책 제안」, 시흥시꾸미청소년문화의집(나르샤), 청소년사회참여발표대회 8회 대회 참가

우리가 교육 봉사를 하는 다문화가정의 학생들이 상처받지 않고 행복했으면 하는 바람에서 우리의 활동은 시작되었다. 어른은 치열한 입시 경쟁 속에 놓인 청소년에게 '상대방보다 높이 올라야 행복해진다'고 말한다. 하지만 정말 행복해질까? 이번 활동을 통해 우리가 만들어 가는 사회는 상대방의 위에 있어서 행복하기보다는 상대방 옆에서 함께 행복을 느끼는 사회이길 바라게 되었다. 그리고 이러한 변화가 내가 살고 있는 다문화 도시 안산에서부터 시작되었으면 좋겠다.

— 「한국의 다문화 섭섭하이」, 양지고·원곡고 연합(다함께), 청소년사회참여발표대회 7회 대회 참가

사회참여 활동을 먼저 경험한 선배가 말하는,
내 삶의 사회참여

진로를 좌우한 사회참여

저는 2000년과 2001년에 '학교운영위원회에 학생 대표가 포함되어야 한다'
는 내용으로 사회참여 활동을 했습니다. 당시에 교내에서 설문지를 돌리고, 시민
단체 활동가 분과 인터뷰도 하고 명동에 나가 초·중등교육법 개정을 요구하는 캠
페인도 했는데요. 특히 기억에 남는 일은 교장 선생님께 불려가 '이런 행동은 하
지 말라'고 혼이 났던 일입니다. 교장 선생님 말씀을 거역할 수는 없고, 그렇다
고 제가 옳다고 생각하는 일을 안 할 수도 없었기에 교내 활동을 접고 다른 학교
친구들과 연대 활동을 위주로 하게 되었습니다.

고등학교를 졸업한 뒤에도 사회참여는 제 삶에서 중요한 주제였습니다. '대한민국
청소년의회'에서 활동하며 청소년 인권 운동을 계속했고 학생회 활동이나 농촌 봉
사 활동 등 다양한 분야에서 활동을 해 보았습니다. 사법연수원 수료 뒤에는 사회
에 지속적으로 참여하고 기여할 수 있는 방법을 고민하다 법치와 인권의 사각지대
에 있는 군대에서 장병들의 인권 보호에 기여하고자 군법무관의 길을 택했습니다.

— 차○○ *

반항이 저항이 된 경험

저는 2000년과 2001년에 안양고에서 학교운영위원회의 학생 참여를 주장하
면서 교내 및 거리 홍보, 서명운동, 국회의원에게 이메일 보내기, 학교 게시판에
글 올리기 등의 활동을 했습니다. 국회의원에게 이메일을 보낸 후 답장이 왔는지
계속 확인하다가 어느 날 답장이 와 있으면 정말 기뻤던 기억이 지금도 생생합
니다. 하지만 학운위 학생 참여 법제화는 아직도 이뤄지지 않았네요. 청소년의

* 차○○ 님이 이메일로 보내
온 글을 저자가 재구성한 것입
니다. 이하 정대연, 이선영 님의
경우도 같습니다.

정치적 권리에 대한 관심과 사회적 인식이 차츰 긍정적으로 변화하고 있으니 언젠가는 그 꿈이 이루어지지 않을까 기대해 봅니다.

아, 그리고 명동에서 청소년 인권 단체 친구들과 함께 '두발 자유화' 관련 홍보와 서명운동을 했던 일도 기억납니다. 제가 낯을 많이 가리는 성격이라 처음엔 두렵기도 했는데, 막상 도전해 보니 점점 재밌어지더군요. 저는 어릴 때부터 반항기가 다분했는데요, 사회참여 활동을 하면서 막연히 갖고 있던 불만을 방향성 있는 '저항'으로 풀어 갈 수 있었던 것 같습니다. 사회를 보는 관점도 생기고 모르는 사람에게도 내 생각을 전하고 설득할 수 있게 되었고, 전에는 막연히 불신했던 어른들과도 대화를 통해 관계를 풀어 가는 긍정적인 경험을 통해 자신감도 생겼고요. 그러다보니 지금은 적극적으로 대인관계를 맺는 기자가 되어 생활하고 있네요.

— 정대연

어느 자리에서든 주변을 돌아보는 사람

저는 고등학교를 다니는 동안 언론 감시 활동에 관심이 있는 친구들과 '울림'이라는 동아리를 결성하고 2002년 대통령 선거 기간에 여러 신문사의 선거 관련 보도를 모니터링하고 비교 분석하여 모니터 보고서를 발표했습니다. 당시 저희가 만든 모니터 보고서를 각 언론사에 배포했고, 대통령 선거권이 없는 고등학생이 대선과 관련해 언론의 공정 보도를 촉구한다는 것이 눈길을 끌어 여러 언론사와 인터뷰를 하고 신문기사 등에 실린 적이 있습니다. 우리가 사회문제에 관심을 갖고 발언하니 사회도 우리 목소리에 관심을 갖고 주목해 준다는 느낌이 흥미롭고 보람이 있었습니다. 그때 가졌던 세상에 대한 관심을 기반으로 대학 진학 후에는 의대 내의 사회과학학회에서 활동했고, 의사가 되어서는 '인도주의실천의사협의회'라는 단체의 회원으로 활동하고 있습니다. 고등학생 때 경험한 사회참여 활동이 직업인이 된 지금까지도 사회에 기여하는 마음을 갖게 한 것 같습니다.

— 이선영

II

어 린 이 -
청 소 년 의
사회참여 사례

2부에서는 학교와 지역사회의 문제점을 진단하고 직접 해결에 나선 어린이와 청소년의 사례를 소개합니다.

그러나 이 사례가 청소년 사회참여 활동의 표준 혹은 정석으로 오해되지 않았으면 합니다. 모든 사회참여 활동은 저마다의 까닭과 동기에서 시작합니다. 과정에서 얻는 경험과 배움이 의미 있는 것이며 실제로 거둔 성과나 결과는 부수적인 것입니다.

또한 이 모든 일이 어린이, 청소년의 힘만으로 이루어진 것은 아닙니다. 보이지 않는 곳에서 부모, 교사, 청소년 지도사 등이 관심을 갖고 살피면서 촉진자(facilitator)의 역할을 했습니다. 행정기관 및 여러 기관의 업무 담당자와 책임자, 일반 시민도 어린이와 청소년의 목소리에 귀를 기울이고 호응했습니다.

어린이와 청소년의 사회참여가 활발한 사회는 약자의 목소리에 귀를 기울이는 사회, 다양한 목소리에 관용적인 사회일 것입니다. 또한 어린이와 청소년을 미래의 시민으로 보는 것이 아니라 현재의 시민이자 주권자로 존중하는 사회일 것입니다.

어린이, 청소년의 사회참여 사례를 살펴보면서 너, 나, 우리가 함께 만들어 가는 민주주의의 모습을 구체적으로 그려 봅시다.

1. 어린이의 사회참여 활동

어린이는 미래를 이끌어 갈 주역입니다. 또한 동시대를 살고 있는 시민이기도 하지요. 어린이에게 미래의 가능성뿐만 아니라 현재의 유능함도 있음을 보여주는 활동이 사회참여입니다. 자신만의 에너지와 시각으로 세상을 유쾌하게 바꿔 가고 있는 활동 사례를 나누고자 합니다.

첫 번째는 국립중앙박물관에서 불편한 점을 찾아 바꾼 사례입니다. 국립중앙박물관은 견학을 가기에 참 매력적인 장소지만 여러모로 아쉬운 점도 있었습니다. 아시아 최대 규모와 우리나라 대표 박물관이라는 명성과 달리 관람객의 다수를 이루는 어린이, 청소년에 대한 배려가 부족했기 때문입니다. 비가 오거나 미세먼지가 심한 날에도 많은 어린이가 박물관 통로나 계단 등에서 도시락을 먹어야 했습니다. 이런 경험을 한 몇몇 초등학생들이 문제를 해결하고자 '솔루션'이라는 동아리를 만들었습니다.

누구나 이곳에서 **편안히 밥** 먹을 수 있기를!

누구나 이곳에서 편안히 밥 먹을 수 있기를!
나와 친구들은 국립중앙박물관을 바꾸기 위해 동아리 '솔루션'을 만들었어. 국립중앙박물관은 우리나라를 대표하는 박물관이지만 이곳엔 문제점이 하나 있어. 비바람과 추위를 피해 도시락이나 간식을 먹을 공간이 실내에 없거든.
어른들은 우리에게 말씀하셨어. "실내에 있는 식당이나 커피숍에서 먹으면 되잖

아!" 하지만 그곳의 식당과 커피숍에는 '외부 음식물 반입 금지'라고 쓰여 있는 걸?

박물관의 야외 공간을 이용하면 안 되냐고? 날씨가 좋은 날은 괜찮겠지. 하지만 햇빛이 너무 뜨거울 때, 찬바람이 불 때, 황사가 왔을 때, 미세먼지 나쁨일 때, 오존 농도가 높을 때, 비가 올 때······ 우린 박물관 계단이나 식당 근처 구석진 공간에서 도시락을 먹었어.

그래서 우리는 이 문제에 대해 국립중앙박물관에 편지를 보냈어. 첫 번째 받은 답장에는 "박물관 실내에서는 도시락을 먹지 마세요!"라고 쓰여 있었지. 정말 박물관 실내에서는 도시락을 먹으면 안 되는 걸까? 궁금해진 우리는 실내에 도시락 먹을 공간이 있는 국립과천과학관, 국립서울과학관, 서대문자연사박물관에 대해 조사했어. 또 미술 시간에 '비바람이나 미세먼지 피해 없이 밥을 먹는 것은 기본적인 인권'이라는 포스터를 만들었지. 그리고 국립중앙박물관에 다시 편지를 보냈어. 우리가 펼친 조사 활동을 모아 신문사에도 보내고 말이야.

반갑게도 2012년 『경향신문』 9월 11일 교육면과 9월 14일 사회면에 우리의 활동에 대한 기사가 실렸어. 많은 사람이 우리의 활동을 알게 되었지. 국립중앙박물관도 우리 의견을 반영해서 실내에 도시락 먹을 장소를 만들어 주셨어.

처음에는 우리가 이런 활동을 한다고 해서 변화가 있을까 싶었어. 동아리 활동이라는 게, 쉽지만은 않더라. 하지만 꾸준히 하다 보니 배우는 게 많았어. 무엇보다 우리나라를 대표하는 박물관을 변화시켰다는 보람이 컸어. 그리고 사회를 변화시키는 건 정말 어려운 일이라고 생각했는데 우리처럼 관심을 갖고 용기 있게 하면 된다는 걸 알게 됐어.*

＊ 이 사례는 『우리가 박물관을 바꿨어요!』라는 책으로도 출판되었습니다. (배성호 지음, 초록개구리, 2016)

이 사례를 보면 사회참여 활동이 거창한 것이 아니라는 점을 알 수 있습니다. 생활 속에서 마주하는 일들을 애정을 갖고 세심하게 관찰하고 살피면서 불편하거나 위험한 점들을 어떻게 풀어 볼까라는 소박한 문제의식에서 출발했기 때문입니다. 현재 이 내용은 초등학교 6학년 2학기 사회교과서 민주주의 단원에 수록되어 있습니다.

현행 초등 6학년 2학기 사회교과서(2009개정교육과정)

두 번째 사례는 초등학생들이 안전지도를 만들어 동네를 바꾼 사례입니다. 자신이 사는 동네를 직접 발로 뛰며 조사하고 이웃에게 인터뷰를 하면서 학교를 중심으로 한 안전지도를 만들었습니다. 과연 어떤 활동을 펼쳐서 동네를 바꿨는지 함께 살펴볼까요?

우리가 동네 지킴이!

우리는 사회 시간에 학교 안전지도를 만들었어. 학교 안전지도가 뭐냐고? 학교 주변을 관찰하면서 위험한 지역을 찾아내 지도에 표시하는 거야. 인터넷 지도를 출력해서 나눠 가진 뒤, 집 방향이 같은 친구들과 모둠을 나눠 조사했지.

지도를 만들면서 제일 재밌었던 것은 우리가 직접 사진 찍는 거랑, 지역에 사는 어른들, 집배원, 경찰관, 또래 친구들에게 어디가 위험한지 또 어떤 곳이 안전한지를 직접 물어보는 인터뷰를 하는 거였어. 이렇게 모둠마다 조사한 내용을 커다란 지도에 모아서 안전지도를 완성했어.

우리가 찾아낸 가장 위험한 곳은 택시 회사 출입구였어. 이곳에서 꽤나 많은

우리가
동네 지킴이!

친구들이 사고가 날 뻔했다는 걸 확인했지. 이런 중요한 사실을 다른 반 친구들에게도 알려줘야겠다고 생각해서 학교 신문을 만들었어. 또 위험한 곳을 모두 정리한 내용을 구청에 알려주었어.

강북구청은 우리 편지를 받고 택시 회사와 의논해서 과속방지턱을 설치하고, 운전자에게도 특별히 안전 교육을 실시하겠다고 답변해 주었어. 그 외에도 우리 반 친구들이 제안한 모든 내용에 대해 일일이 대답해 주고, 학교 주변에 가로등을 세우고 위험 시설을 안전하게 바꿔 주어 너무나 기분이 좋았어.*

* 이 사례는 『안전지도로 우리 동네를 바꿨어요!』라는 책으로도 출판되었습니다. [배성호 지음, 초록개구리, 2017]

우리가 사는 동네 곳곳의 '위험한 장소'를 '안전한 장소'로 직접 바꾸는 것은 참 신나는 일입니다. 초등학교 친구들의 활동을 참조해서 우리도 우리가 살고 있는 삶터 곳곳을 잘 살피고 문제점을 해결하기 위해 함께 도전해 볼까요?

2. 학교를 바꾼 청소년의 사회참여 활동

학교는 학생이 '집' 다음으로 가장 오래 머무는 공간입니다. 굳이 학교의 주인이 누구인가를 따져 본다면 학생이라고 해도 틀린 말은 아니겠지요? 하지만 학교 공간은 어른이 설계하고 지은 것입니다. 우리나라는 대부분의 학교를 감옥과 비슷한 구조로 지었어요. 한꺼번에 많은 학생을 효율적으로 통제하면서 지식을 가르쳐야 했던 과거의 필요가 관습처럼 남아 그렇게 된 것입니다. 창의성과 자율성을 키워 가고 민주주의와 인권을 배우는 오늘날의 학교 문화와는 어울리지 않는 면이 있네요. 이런 학교 공간에 대해 문제의식을 갖고 생활 속 인권과 연결 지어 3년 동안 활동한 광산중학교 학생들의 사회참여를 소개합니다.*

＊ 2015년부터 3년간 광주광역시 광산중학교 학생들의 활동 사례입니다.

첫 번째 해

탈의실 없이 옷 갈아입으라고? 안전한 공간이 필요해!

안녕? 우리는 광주의 광산중학교 학생들이야. 우리는 2015년에 '불안한 학교, 불안한 마을을 안전한 공간으로 바꾸자'라는 주제로 활동했어.
먼저 학교에서 찾은 가장 큰 안전 문제는 바로 탈의실 문제였어. 체육복 갈아입을 탈의실이 없어서 대부분 교실이나 화장실에서 갈아입는데 어떤 친구는 교실 청소함 뒤에서 갈아입다가 날카로운 청소 집게에 허벅지가 찔리기도 했어. 화장실에서 갈아입다가 바닥이 미끄러워서 넘어진 적도 있었지. 화장실에서 옷

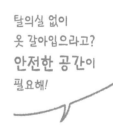

탈의실 없이
옷 갈아입으라고?
안전한 공간이
필요해!

갈아입는 친구에게 시간 없으니 빨리 갈아입으라고 발로 문을 차는 일도 있었어. 쉬는 시간은 짧지, 옷 갈아입을 사람은 많지, 그래서 정작 화장실에서 볼일을 보고 싶은 친구들이 화장실 이용을 못하는 일도 생겼어.

또 우리 마을에서 찾은 대표적인 안전 문제는 너무나 부족한 가로등, 안전장치가 없어서 사망 사고가 잦은 학교 앞 도로, 유흥시설로 둘러싸인 주택가 문제 등이 있어. 우리 마을은 도시와 농촌의 경계에 있고 주변이 신도시로 개발되면서 사람들이 떠나 버려서 빈집이 많아. 그래서 학생과 마을 사람 모두를 위해 안전하게 보행할 권리가 보장되어야 한다고 생각했어.

물론 우리 학교와 동네에는 이보다 더 많은 문제점이 있었지만 우선 해결해야 할 문제를 정하기 위해 전교생이 투표를 해서 이렇게 추려 본 거야. 그리고 각 문제를 전담할 동아리를 만들었지. 그다음은 이렇게 진행해서 해결했어.

 학생회 안건으로 제출해 토의하기 → 교직원 회의에 동아리 대표가 직접 참석해 안건 설명하고 교직원 전체 토의하기 → 교장, 행정실장, 사회 교사, 동아리 학생 간 탈의실 공간 확보와 운영 방법 의논하기 → 탈의실 설치하기, 학생회 주관 탈의실 관리팀 결성하기

 관련 공공 기관에 문제 알리기 → 공공 기관장 면담 신청하기 → 공공 기관장 면담 준비하기 → 공공 기관장과의 면담에서 문제 해결 요구하기 → 해결 과정 공유 요구하기 → 가로등 설치 및 조도 조정됨, 교통안전 관련 안내판 설치함, 유흥시설 주변에 안전 거리가 조성됨.

다른 학교에 다니는 친구들은 이렇게 말해. "동아리 대표가 교직원 회의에서 발언을 한다고? 우리 학교 선생님들은 말도 안 된다고 하시던데? 너희 학교는 좀 특이한 거 같아!" 정말 우리 학교가 특별한 건가? 그저 드문 일이어서 이상해 보이는 거지, 한 번만 해 보면 바로 익숙해질걸? 선생님을 수업 시간에 만나는 거랑 회의 시간에 만나는 거랑 크게 다른 점이 없었거든. 특히 동아리 선생님이랑

학생 자치 담당 선생님이 응원을 많이 해 주셨어. 선생님이 그러는데, 법*으로도 보장된 권리래. 너희도 학교에 의견을 전달하고 싶은 게 있으면 공식적인 자리에서 해 봐. 효과가 좋아. 무섭다고? 떨릴 것 같다고? 그럼 학생들의 의견을 정기적으로 듣는 자리를 만들어 달라고 하는 건 어때?

> * "학생 대표는 학교운영위원회에 참석해서 의견을 제출할 수 있다." (초중등교육법 시행령 제17조 개정, 2017년 12월 29일)

두 번째 해
내 삶의 주인 되기! 우리 공간의 주인 되기! 신~나고!

광산중학교 선생님들은 자유학기 주제선택활동으로 '너와 내가 만드는 우리들의 공간'(너,내공반) 수업을 기획했습니다. 사회, 기술·가정, 진로 수업에서 한 시간씩을 모아 1주일에 세 시간을 하는 수업이었습니다. 먼저 학교 공간을 재해석해 보고 학생의 생각이 담긴 공간을 설계해 보는 기본 활동을 한 후, 지방자치단체의 '학교공간혁신 프로젝트'의 도움을 받아 공간 조성 작업에 직업 참여했습니다.

첫 번째 해의 활동이 '불편하고 위험한 공간을 안전한 공간으로 바꾸는 활동'이었다면 두 번째 해의 활동은 '학교에 있었으면 하는 공간을 새롭게 조성하는 활동'이었던 셈이지요.

내 삶의 주인 되기!
우리 공간의 주인 되기!
신~나고!

학생들의 생각이 담긴 공간
신나고실

너, 학교에서 "아~ 집에 가고 싶다~"라고 말해 본 적 있지? 나도 그랬어. 세상에 집처럼 마음 편하고 포근한 곳은 없잖아. 그래서 우리는 학교를 집처럼 편안하면서도, 우리의 상상력이 가득 담긴 곳으로 만들기로 했어. 그렇게 만들어진 곳이 우리 학교 '신나고실'이야. 설계부터 제작, 완성까지 전 과정에 우리가 참여했지. 무엇보다 우리가 한 결정이 실제로 우리 앞에서 현실이 되는 게 너무나 신기했어. 우리도 어른처럼 무엇인가 해낼 수 있다니! 이보다 더 뿌듯하고 신날 순 없을 거야.

『우리에겐 놀이터가 필요해요』(쿠루사 글, 찰리북, 2016) 읽기 → 상상 자극을 위한 공간 배움 여행 → '학교 안에 있었으면 하는 공간' 설계하기 → 공간 설계도 발표하기, 광산구 학교공간혁신 프로젝트 참여 → 광산중 공간혁신 동아리 '신나고단' 결성 → 매주 수요일 3시간씩 3개월간 활동 → 신나고단 기획으로 신나고단 개소식(학생, 학부모, 교사, 지역 주민 대상) → 신나고실 운영 → 학생 쉼터, 교사 연수실, 학부모 모임 장소, 독서 밤샘 캠프장, 특별 수업, 지역 주민 평생학습장 등으로 활용

세 번째 해
우리 이야기, 적극 알리자!

학생들은 결과를 얻은 것에서 멈추지 않고 사회적으로 널리 알리려고 노력했습니다. 정부에 정책 제안을 하고 언론에 홍보했어요. 교사 연수, 지방자치단체 행사, 방송 등에서 학생이 직접 강연도 했지요. 많은 사람이 이 문제에 공감하고 다른 학교 학생에게도 이와 같은 혜택이 돌아갈 수 있기를 바라면서요.

학교에 신나고실이 만들어지고 나서 전국에서 많은 사람들이 신나고실을 찾아왔어. 다른 학교 선생님이나 교육청 같은 데서 오신 분도 있고, 시민단체나 공공 기관, 일반 시민도 많았어. 신나고실을 방문한 사람들은 신나고실을 보는 것보다 어떻게 이런 공간이 만들어졌는가에 관심이 많았고 실제 이 과정에 참여한 우리의 이야기를 듣고 싶어 했어.

우리는 신나고실을 만든 과정도 즐거웠고 결과도 뿌듯했기 때문에 우리의 이야기가 더 널리 알려지고 공공 기관의 정책으로도 만들어지면 좋겠다고 생각했어. 마침, 신나고실 지도를 맡았던 선생님께서 '생활 속 민주주의 실천 사례'를 발표하는 대회에 참여를 권하셨어. 그래서 우리의 이야기를 10분짜리 발표로 구성했지. 주제는 '청소년의, 청소년에 의한, 청소년을 위한 문화예술 공간 확충 정책 제안'이었어.

결과는 어땠냐고? 우리 상 받았다! 대단하지? 방송이랑 신문에도 나왔어. 우리는 그 후에도 청소년 문화의집, 교사 연수, 청소년 교육축제 등에서 발표했고 우리가 제안한 정책은 광주광역시 교육청에 공간혁신 정책*이 마련되는 데에도 영향을 주었대. 청소년의 목소리에 귀 기울이는 어른이 늘어나는 일은 정말 좋은 일이야.

우리 이야기,
적극 알리자!

＊ 2018년부터 광주광역시 교육청은 '아지트'라는 공간혁신 정책을 진행하며 10개 학교의 수업에서 학생이 직접 학교 공간을 설계하고 공간 조성 전 과정에 참여하는 학생 주도형 공간혁신 작업을 지원하고 있습니다.

발표를 준비하면서 우리는 우리의 활동이 '공간 인권'의 관점에서 큰 의미가 있다는 걸 알게 되었어. 인권 감수성이 더 풍부해졌달까? 그리고 다른 사람에게 우리의 활동을 알리기 위해서 어떤 노력이 필요한지도 배웠지. 누군가를 설득하고 공감을 얻으려면 말과 행동이 모두 중요하다는 걸 말이야.

3. 사회를 바꾼 청소년의 사회참여 활동

[1] 어떻게 하면 철새들과 함께 살 수 있을까요?*

16마리의 거위와 소녀 에이미가 함께 하늘을 나는 영화가 있습니다. 어느 날 에이미는 개발업자에 의해 황폐화된 늪 주위에서 미처 부화하지 못한 거위 알을 발견합니다. 엄마를 잃은 슬픔에 빠져 있던 에이미는 이 거위 알을 가지고 집으로 돌아오지요. 에이미의 지극정성으로 마침내 새끼 거위가 태어나고 이 새끼 거위들은 처음 본 상대를 어미로 아는 습성에 따라 에이미를 엄마로 알고 따르기 시작합니다. 하지만 야생 거위를 기르는 것은 불법이었고, 점점 헤어져야 할 시간이 다가옵니다. 에이미는 거위를 야생으로 돌려보내기 위해 열심히 비행 연습을 시키고 마침내 경비행기에 탄 에이미를 쫓아 16마리의 거위들이 하늘로 날아오릅니다. 실화를 바탕으로 만들어진 영화 〈아름다운 비행〉입니다. 인간과 야생의 거위가 어떻게 함께 살아갈 수 있는지를 보여준 참으로 감동스러운 영화입니다. 우리나라에도 철새와 아름다운 공생을 꿈꾼 학생들이 있습니다. 군산 제일고등학교 학생들입니다. 이들의 이야기를 들어 볼까요?

* 이 사례는 2015년 민주화운동기념사업회가 주관한 제0회 '청소년사회참여발표대회'에 참가해 발표된 내용을 재구성했습니다.

어떻게 하면
철새들과 함께
살 수 있을까요?

우리 학교가 있는 군산은 금강 하류가 서해안으로 흘러 들어가고 주변에 넓은 평야가 있어 사람뿐 아니라 철새에게도 살기 좋은 곳이야. 해마다 많은 철새들이 날아와 '철새 축제'가 열리기도 하지.

2013년 여름, 학교 뒷산에 백로와 왜가리가 찾아와 살기 시작했어. 근처에 있던 철새 도래지가 지역개발로 인해 사라져 버렸기 때문이지. 처음 보는 철새들의 산란에 마음을 빼앗긴 것도 잠시, 우리는 새들이 만들어 낸 악취와 소음, 배설물 때문에 너무 힘들어졌어. 철새를 쫓아내려 해도 인근 아파트 단지 야산으로 날아가 둥지를 틀었다가 거기서 쫓기면 다시 학교 뒷산으로 돌아오기를 반복했지. 우리 동아리 친구들이 이 문제의 해결 방안에 대해 설문조사를 해 보았더니 "나무를 베어 내 새들이 살지 못하게 하자"는 의견과, "다른 서식지를 마련해 새들을 그곳으로 옮겨 가도록 하자"는 의견이 나왔어. 그러나 나무를 베는 것은 또 다른 환경 파괴가 될 테고, 새와 말이 통하지 않으니 이제 그만 다른 데로 가라고 할 수도 없었지.

우린 포기하지 않고 비슷한 문제를 겪는 다른 지역의 해결 방안도 검토하고 철새의 습성을 오랫동안 연구한 교수님을 찾아가 의논도 했지. 그렇게 해서 생각해 낸 방법이 '사람에게 피해를 덜 주는 곳으로 새들의 번식지를 이동'시키는 것이었어.

여름 철새들은 주로 활엽수림에 둥지를 트는 특성이 있대. 현재 서식지의 일부를 조금씩 간목하고 그 자리에 새들이 싫어하는 향을 가진 편백나무를 심어 선호도를 줄여 가는 거야. 이런 방법으로 5년 정도의 기간 동안 순차적으로 간벌을 하면 새들은 차츰 인근의 새로운 서식지로 옮겨 가게 되고, 학생들은 더 이상 피해를 입지 않아도 되겠지?

물론 이 방안이 철새에 대한 학생과 주민의 거부감까지 완전히 없앨 수는 없었어. 그래서 우리는 역으로 이를 학습의 기회로 활용하자고 제안했지. 철새 번식지 주변에 탐방로를 조성하고 학생들로 구성된 '철새 설명 봉사단'을 조직해 주민과 관광객에게 철새를 알리고 인식을 개선하는 거야. 우리의 제안을 들은 교장 선생님과 군산 시장님은 아주 좋은 방안이라며 흔쾌히 받아 주셨어.

　겨울이 되면 조류독감으로 온 나라가 비상입니다. 조류독감 바이러스에 감염된 수십만 마리의 가축이 땅에 묻히고 사람들도 위협을 느낍니다. 조류독감 바이러스의 주요 전파 경로로 철새의 이동 경로를 지목하기도 합니다. 따라서 철새가 머무는 각 지역마다 철새를 반기지 않는 분위기가 강해지고 심지어는 독극물로 철새를 죽이는 사례도 발생합니다. 반면 다른 한쪽에서는 이런 행위들에 대해 강력히 처벌해야 한다는 목소리도 높습니다. 양쪽의 주장이 팽팽히 맞서 해결책을 찾기가 어렵습니다. 어떻게 해야 인간과 동물이 함께 살아갈 수 있을까요? 함께 고민해 보는 기회가 되었으면 합니다.

(2) 노인도 편안히 탈 수 있는 버스를 위해*

바야흐로 웰빙 시대입니다. 건강하게 사는 것이 행복한 삶의 기준이
되었습니다. 그러나 늘어난 수명으로 인한 인구 고령화가 매우 빠르게
진행되고 있습니다. 특히 젊은 사람들이 도시로 빠져나간 농어촌 지
역은 65세 이상 노인 인구 비율이 더 높지요. 전라남도 담양군 창평면
도 예외가 아닙니다. 이곳에 위치한 창평고등학교 학생들은 지역 어르
신들이 주로 이용하는 버스에서 여러 가지 불편한 점을 발견했습니다.
그래서 이 문제를 해결하고자 했습니다.

노인도 편안히
탈 수 있는
버스를 위해

우리가 사는 농촌 지역엔 병원, 시장, 은행, 공공 기관 등이 다 시내에 있어. 일
을 하나 보려고 해도 한참 동안 버스를 기다렸다가 다시 한참 동안 버스를 타고
나와야 해. 버스가 참 중요한 교통수단이지.
그런데 지역의 많은 어르신들이 버스를 타면서 다양한 불편함을 느끼신다는 걸
알게 되었어.

"버스 출입구 계단이 너무 가파르고 높아 오르내리기가 불편해."
"버스 요금을 현금으로 낼 때 버스 기사가 이를 확인하느라 출발이 늦어지면 다른 사람들
이 아주 싫어해. 거스름돈을 받을 때도 허리나 무릎을 굽혀야 해서 몹시 힘들지. 그뿐인가?
버스가 출발하는 순간에는 안전사고의 위험도 있어."
"시골이라 가지고 타는 짐이 많은데 마땅히 둘 곳이 없어. 그래서 짐이 구르거나 떨어져서
위험해."
"버스 손잡이가 너무 높아. 이마저 충분하지 않아서 잡을 수가 없어."

어르신들의 이런 불편 사항을 어떻게 해결할 수 있을까 고민하던 우리는 다른 지
역의 사례를 조사해 보았어. 마침 부산의 한 노인·장애인 복지관에서 '해피버스

* 이 사례는 2013년 민주화운
동기념사업회가 주관한 제5회
'청소년사회참여발표대회'에 참
가해 발표된 내용을 재구성했습
니다.

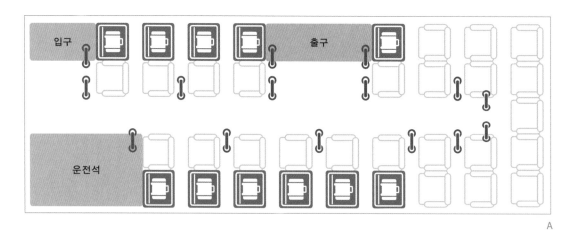

실버드림버스 가상 디자인
A. 버스 내부 설계도
B. 출입구 커브 형 계단
C. 짐칸 디자인

데이'라는 정책을 시행하고 있어서 참고가 되었지. 우리 지역의 실정에 맞게 바꾸기 위해 회의를 많이 했어.

"어르신들이 오르내리기 편한 도심형 저상버스는 시골의 도로 상황에 적합하지 않아. 버스 출입구 계단을 커브 형으로 설계한다면, 계단의 숫자는 늘지만 높이는 낮추고 폭은 유지되니 노인들이 오르내리기 쉽지 않을까?"

"현금 사용이 불편하니까 농협에서 발급하는 전자 카드를 사용하실 수 있게 하면 되지 않을까? 월 이용 금액은 계좌에서 자동이체 되도록 하면 더 좋겠어."

"버스의 1인석 옆에 그물망으로 된 짐칸을 설치하면 짐이 많은 어르신들도 편안하게 가실 수 있지 않을까?"

"버스의 손잡이 대신 어르신들이 쉽게 잡거나 기댈 수 있는 안전봉을 설치하면 효과적일 거야."

우리는 더 안전하고 편리하게 버스를 이용하고 싶은 노인들의 바람을 이루어 드린다는 뜻을 담아 이 버스를 '실버드림버스'라고 이름 지어 봤어.

그리고 지역 주민을 상대로 '실버드림버스'의 도입을 묻는 찬반 조사를 해 보았는데 아주 높은 지지를 받았지. 우리는 지역구 국회의원에게 자세한 내용을 담은 메일을 보내고, 국민신문고에도 민원을 제기했어. 담양군 의회와 담양군청을 방문해 군의원들과 군수의 지원도 약속 받았지.

　10월 2일은 노인의 날입니다. 우리나라는 2018년 8월부터 65세 이상 인구가 전체 인구의 14%를 넘어 가면서, 고령화사회에서 고령사회가 되었습니다. 늘어나는 노인 인구만큼 사회의 책임도 늘었습니다. 그런데 최근 우리 사회는 젊은 세대 사이에서 노인 혐오와 차별이 발생해 문제가 되고 있습니다. 노인은 사회적 약자입니다. 더불어 미래 우리의 모습이기도 하지요. 노인에 대한 혐오와 차별, 어떻게 해야 할까요?

(3) 5천 명이 몰려드는 길에서*

등교 시각 10분 전. 학생들은 뛰기 시작하고 차량들도 벌떼처럼 밀려듭니다. 학생들은 차량 사이를 곡예 하듯 빠져나가고 교통 지도하는 선생님은 차량을 막아섭니다. 운전자들끼리 욕설을 하고 싸움이 일어납니다. 그 상황에서도 학생들은 도로 옆 가게에서 필요한 물건을 사고 끼니를 때웁니다. 아침마다 반복되는 상황 속에 사고의 위험은 늘 잠복해 있습니다. 이런 모습은 우리나라 대부분의 학교가 처한 상황입니다. 오늘 아침 여러분의 등굣길은 안전했나요? 어떻게 해야 사고를 막을 수 있을까요? 여기 경화여자고등학교 학생들의 사례를 보며 생각해 보시기 바랍니다.

5천 명이
몰려드는 길에서

* 이 사례는 2012년 민주화운동기념사업회가 주괄한 제4회 '청소년사회참여발표대회'에 참가해 발표된 내용을 재구성했습니다.

우리 학교는 경기도 광주시 칠사산 남쪽 경사면에 위치해 있어. 주위에는 3개 학교가 더 있지. 산 아래쪽에서 학교로 올라가는 경사진 길엔 다세대 주택과 작은 가게들이 밀집해 있어. 이 길을 이용하는 4개 학교의 학생들을 모두 합치면 거의 5천여 명에 달하지. 상황이 이렇다 보니 시간에 쫓기는 학생·주민·차량이 엉켜 매일 아침이 전쟁이야. 학교 선생님들이 나와 교통 지도를 하시지만 근본적인 해결 방법은 아니기 때문에 우리는 안전한 등굣길을 만들기 위해 나섰어.

먼저 학생과 주민을 대상으로 설문조사와 인터뷰를 했어. 어느 시간대에 가장 이동량이 많은지, 주로 이용하는 이동 수단은 무엇이고, 가장 불편한 건 무엇인지 물었어. 그리고 일일 교통 지도와 현장조사를 통해 문제점을 좀 더 정확히 파악해 보았지. 문제의 원인은 크게 네 가지였어.

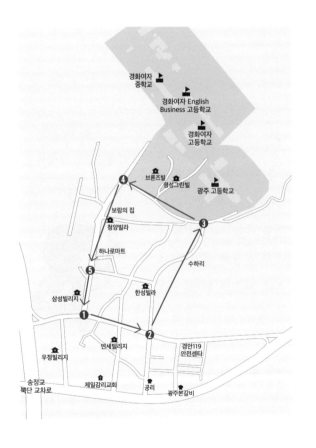

첫째, 보행에 불편한 비탈길이라서 자동차를 이용한 등하교가 많고 교통 혼잡이 심하다.

둘째, 진입로가 좁은 데다 불법 주정차 때문에 더욱 좁아진다.

셋째, 시내버스 승하차시에 더욱 교통 혼잡이 심하다.

넷째, 불법 도로 횡단과 같은 무질서가 더 위험한 상황을 만든다.

우리는 부산 연제구의 '등굣길 차 없는 거리'와 영국의 'Congestion Charging Zone 정책' 등 국내외 유사 사례를 참고해 '일방통행제 실시'라는 해결책을 마련했어.

일방통행을 하면 차량이 모두 한 방향으로 이동하니 흐름이 좋아지고 걸어서 이동하는 사람들을 위한 공간도 넓어지니 사고의 위험이 줄어들게 돼. 물론 지역 주민 중에는 일방통행으로 차량이 좀 더 돌아가야 하는 불편을 겪는 분도 있을 거야. 하지만 사고 예방과 공공의 이익을 고려할 때 이 방법이 가장 좋을 것 같아.

더불어 버스 정류장의 위치를 상대적으로 덜 복잡한 곳으로 변경하고 불법 주정차를 방지하기 위해 불법 주정차가 심한 지역에 CCTV 카메라를 추가로 설치하는 방안도 생각해 보았어. 우리는 이 내용을 학교와 광주시청에 건의했지.

　　도로교통공단의 교통사고 현황을 보면 2017년 한 해에만 20세 이하 청소년의 교통사고가 8천 건 넘게 일어났습니다. 매년 조금씩 줄어들고 있지만 여전히 많은 청소년이 교통사고의 위험에 노출되어 있습니다. 모든 사고가 그렇듯 교통사고 또한 예방이 최선입니다. 여러분 주위에는 위험한 곳이 없는지 관심이 필요합니다.

(4) 이주노동자 자녀도 교육받을 권리가 있어요!*

올해 아홉 살 현우는 아버지를 본 적이 없습니다. 불법 외국인 노동자였던 아버지는 현우가 태어난 지 5개월 만에 강제 출국을 당했기 때문입니다. 그러나 이제부터가 큰일입니다. 당장 현우가 학교에 들어가야 하지만 역시 불법체류 중인 엄마는 신분이 밝혀질까 두려워 현우를 학교에 데리고 가지 못하고 있습니다. 설혹 학교에 데리고 가더라도 학교에서 현우를 받아줄지 의문입니다. 현우는 언제 학교에 갈 수 있을까요?**

　　2016년 말 기준 우리 사회에는 약 2만여 명으로 추정되는 미등록 이주노동자 자녀가 있습니다. 이들은 우리나라에 살고 있지만 자신의 존재를 증명할 수 있는 방법이 없습니다. 우리나라의 가족관계등록법은 대한민국 국민의 출생에 대해서만 규정하고 있습니다. 따라서 현우

이주노동자 자녀도 교육받을 권리가 있어요!

＊ 2007년 광주광역시 자연과학 고등학교 학생들의 활동 사례입니다.
＊＊ 현우의 사연은 경향신문 2018년 5월 6일과 7일자 관련 기사에서 가져왔습니다.
통계청과 법무부에 따르면 2016년 8월 현재 우리나라에 거주하는 외국인 노동자는 약 91만여 명, 그중 현우 아버지와 같은 불법체류자는 약 21만여 명으로 추정됩니다.

처럼 외국인 부모를 둔 아이들은 출생 등록을 할 수 없습니다. 이는 국가가 제공하는 의료·교육·복지 등 기본적인 사회 서비스뿐만 아니라 법적 보호도 받을 수 없다는 것을 의미합니다.

  현우는 어떻게 해야 할까요? 현우와 같은 아이들을 위해 광주 자연과학고등학교 학생들이 나섰습니다.

우리가 다니는 학교는 특성화 고등학교야. 학교를 졸업하고 취업하면 우리도 곧바로 노동자가 되겠지? 그래서 자연스레 우리 사회의 인권 사각지대에 있는 불법체류 중인 이주노동자들과 그들 가족의 삶에 관심을 가지게 되었어. 그러다 현우와 똑같은 처지의 아이들을 접하게 되었어. 정말 마음이 많이 아팠고 진심으로 돕고 싶었어.

우리는 먼저 법무부와 통계청, 출입국사무소의 자료를 조사하고 이주노동자 센터와 교육청 관계자를 만나 실태를 알아보았어. 그러나 우리가 확인한 내용은 미등록 이주노동자 자녀의 정확한 통계를 알 수 없다는 것이었어. 왜냐고? 미등록 아이의 부모는 대부분 불법체류 중이잖아. 아이의 신분이 밝혀지면 당장 부모가 강제 출국을 당할 텐데, 어떤 부모가 그걸 바라겠어. 더구나 합법체류 이주노동자 자녀 또한 여러 학교를 전전하고 있는 상황인데.

우리는 이 사실을 사람들에게 알리고 도움을 청해야 한다고 생각했어. 모르는 사람이 너무 많았거든. 사정이야 어찌되었든 아동권리협약* 가입국으로서 인도주의에 입각해 아이의 교육 받을 권리는 보장해야 한다고 생각했기 때문이지. 그래서 사람이 많이 다니는 대학가와 시내 번화가, 지하철에서 캠페인을 시작했어. 더불어 시민에게 현우와 같은 아이들에게도 교육 받을 권리를 부여하자는 서명을 받았지. 활동 내용을 정리해 국민신문고에도 올렸고 지역구 국회의원과 국회 교육위원들에게도 우리의 주장을 담은 긴 글을 보냈어.

더 많은 사람에게 이러한 현실을 알릴 수 있는 방법을 고민하다가 영상을 만들기도 했어. 이 영상은 이듬해 국가인권위원회 광주 지역 사무소와 광주인권영화

* 정식 명칭은 '아동의 권리에 관한 협약'. 18세 미만 아동의 모든 권리를 담은 국제적인 약속으로 1989년 11월 20일에 유엔에서 만장일치로 채택되었고, 우리나라를 포함해 전 세계 196개국이 비준했습니다.

제 조직위원회가 주최한 '2008 인권영상공모전'에서 청소년부 장려상을 받았어.

2008년 3월 이주노동자 자녀의 기본권 보장 촉구 집회

그리고 2009년 우리의 노력에 화답하듯 국가인권위원회 광주인권사무소가 광주 지역 다문화 가정의 인권 상황과 자녀들의 교육권 실태를 조사하기로 했어. 이제 다시는 현우와 같은 아이들이 없었으면 좋겠어. 한국에서 태어나 한국의 아이로 살아 온 현우는 한국말밖에 할 줄 모르는데, 이런 현우가 당장 강제 출국을 당하면 어떻게 될까? 친구들도 우리와 함께 해 주지 않을래?

2013년 법무부는 미등록 이주 아동의 학습권을 보장하기 위해 15세 또는 중학교를 수료할 때까지 학생과 그 부모의 강제 퇴거 집행을 유예한다는 지침을 내렸습니다. 하지만 관련 단체들은 강제성이 없어 제대로 이행되지 않거나 실질적인 보호 효과가 없다고 지적하고 있습니다. 현우가 처한 상황은 아직도 현재 진행형입니다.

Ⅲ

우 리 의
관심과 참여를
기 다 리 는
활 동 주 제

사회참여 활동을 계획할 때 '활동 주제'를 선택하는 것은 쉽기도 하고 어렵기도 합니다. 평소 사회문제에 관심이 많고 뉴스와 시사 정보에 밝거나, 자신을 둘러싼 환경을 자주 돌아보고 관찰하는 습관이 있다면 사회참여 활동 주제를 금세 찾아낼 것입니다. 하지만 만일 그런 습관이 없는 친구라면 활동 주제 선택이 무척 어렵게 느껴질 수 있습니다.

그러나 평소 사회문제에 관심이 없었다 하더라도 마음을 새롭게 먹고 나면 사소하지만 중요한 것들이 눈에 보이고 갑자기 저녁 뉴스가 귀에 들어오는 경험을 하게 됩니다. 어떤 친구는 마음먹고 학교 주변을 관찰했더니 매일 등하교할 땐 알지 못했던 불법 현수막이 눈에 들어왔습니다. 교통 문제에 주목했더니 무단 횡단 하는 사람들이 많다는 사실을 알게 되었습니다. 평소 무심코 마신 음료수의 카페인 함량 표시에 문득 문제의식을 느낀 친구도 있습니다.

활동 주제 선정이 어렵다면 친구 혹은 주변 어른과 '꼭 해결해야 할 우리 사회의 문제'에 대해 이야기를 나누어 보면 어떨까요? 오늘 저녁 뉴스를 유심히 보거나 요즘 신문에 자주 등장하는 이슈는 무엇인지 찾아봅시다. 그래도 어렵다면 청소년의 관심과 참여를 기다리는 다음의 주제들을 참고해 보면 어떨까요?

1. 청소년의 권리, 스스로 찾아요

(1) 청소년 참정권 요구하기

 왜 관심이 필요한가요?

2018년 3월 22일 오전 서울 영등포구 여의도 국회의사당 앞에서 촛불청소년인권법제정연대는 '선거 연령 하향 4월 통과 촉구 긴급 농성 돌입 기자회견'을 열고 "4월 국회 회기 마지막 날까지 선거 연령 하향을 위해 국회 앞 농성을 한다"고 밝혔습니다. 삭발을 한 청소년 세 명 중 한 명인 김윤성(16)양은 "청소년이 자신의 권리를 외치며 공식적으로 삭발하는 것은 최초입니다. 절박한 마음을 담아 청소년 참정권 문제를 알리고자 결심했습니다"라고 호소했지요. 이들은 청소년의 선거권뿐만 아니라 피선거권, 정치와 선거에 대해 말할 권리(선거운동), 정당 활동의 자유권을 보장하도록 공직선거법, 정당법 등을 개정하라고 요구했어요. 청소년을 선거에서 배제하는 선거법에 대한 헌법소원도 진행했답니다.[*]

독일은 연방의회 선거에서는 18세부터, 지방선거(주의회·구의회 선거 등)에서는 16세부터 선거권을 가집니다.

청소년은 미성숙하기 때문에 올바른 판단을 내릴 수 없다며 청소년 참정권을 반대하는 의견도 있습니다. 그러나 정말 성숙한 민주주의 사회라면 청소년의 성숙 여부를 단정 짓거나 한계를 정하기보다 이들이

[*] 2019년에는 18세에게도 선거권을 주는 공직선거법 개정안이, 2021년에는 국회의원 선거와 지방자치단체장, 지방의회의원 선거의 후보자 연령을 25세에서 18세로 낮추는 내용의 공직선기법 개정안이 그회 본회의를 통과했습니다. 또한 2022년에는 정당법이 개정되어 정당 가입 연령을 16세로 하향했습니다.

능동적인 시민으로 성장할 수 있도록 길을 터 주는 방향으로 노력해야 할 것입니다.

청소년에게 참정권이 보장된다면 어떤 변화가 있을까요?

첫째, 학교가 변할 것입니다. 어른이 말로만 하는 '학교 자치'가 아닌, 진짜 학교 자치가 보장되고 학생이 학교의 주인으로서 역할을 할 수 있을 것입니다. 학교 안에서 표현의 자유도 보장될 것입니다. 현재는 대부분의 중·고등학교에서 학생이 대자보(게시물)를 붙이는 행위를 제한하고 있지요. 청소년 모임이나 행사의 홍보물을 자유롭게 붙이거나 나눠주는 것을 제한하는 경우도 있습니다.

둘째, 수업 시간에는 현실 정치에 대해 교사나 다른 학생들과 토론할 수 있을 것입니다.

셋째, 학교 밖의 삶도 달라지지 않을까요. 청소년 관련 정책을 제시하는 후보에게 투표가 가능해지고, 지역 주민으로서 주민 발의도 할 수 있겠네요. 현재로선 '학생인권조례'처럼 청소년의 삶과 깊은 관련이 있는 법이더라도 주민 발의에 참여할 수 없답니다.

넷째, 정부와 정치인들이 청소년의 표를 의식하게 되면 청소년 관련 예산도 확대될 것입니다. 학생 자치를 위한 예산, 탈학교 청소년을 위한 예산, 청소년의 문화·여가 생활을 위한 예산도 늘어날 것입니다.

다섯째, 청소년이 직접 국회의원이나 지방의회 의원으로 출마할 수도 있을 것입니다. 선진국이라 불리는 나라들에서는 청소년 때부터 정당에 가입해 전문적으로 훈련받고 경험을 쌓은 청(소)년들이 출마한다고 합니다. 예를 들어 2014년 스웨덴 교육부 장관에 취임한 구스타프 프리돌핀은 32살의 나이에 교육부 장관이 되었는데, 11살에 스웨덴 녹색당 당원으로 가입하고 19살에 국회의원이 되었으며 32살에 교육부 장관이 되었다고 합니다. 우리나라도 더 이른 나이부터 청소년의 정치 참여를 권장한다면 이와 같은 일이 가능할 것입니다.

어떻게 할 수 있나요?

청소년 참정권 보장을 위해 기존에는 선거 연령 낮추기, 정당 가입 허용 연령 낮추기, 선거 운동 허용 연령 낮추기 등을 하였습니다. 현재에는 관련 법 개정이 이루어졌으므로 청소년의 참정권을 실질적으로 보장하기 위해 학교 규칙 개정하기, 참정권 교육이나 정치 교육 의무화하기 등을 주장할 수 있겠지요.

주장하는 바를 이루기 위해서는 국회에 관련 법을 바꾸어달라고 요구하고 중앙 정부와 지방 정부에 청소년의 정치 참여가 활발해지도록 정책을 마련하라고 요구해야겠지요.

가정, 학교, 지역사회 속에서 청소년의 의견에 귀를 기울이고 존중하는 문화, 의사 결정을 함께하는 문화를 만들어 가는 것도 꼭 필요한 일입니다.

I Can! We Can!

- 청소년 참정권을 주장하는 단체 조사하기
- 청소년 참정권을 주장하는 단체에 가입해 활동하기
- 청소년 참정권과 관련하여 국회의원 면담하기
- 학교에서 청소년 인권 동아리 만들기
- 학생자치회 활동에 관심을 갖고 참여하기
- 학생자치회와 교장 선생님과의 면담 정례화하기
- 학교 운영위원회에 학생회장 참석을 요구하기
- 학교 규칙이 청소년의 정치 참여 확대를 보장하는지 조사하기

(2) 지방자치단체의 청소년 위원회나 청소년 의회에 참여하기

 왜 관심이 필요한가요?

청소년의 여가 문제와 아르바이트, 청소년 놀이 공간이나 시설의 수리, 공공장소의 안전 문제, 등하굣길 문제, 자전거길 등 청소년과 관련된 문제는 청소년 스스로 직접 결정하는 나라가 있습니다. 바로 '청소년 의회 제도'를 갖고 있는 나라입니다.

독일은 청소년 의회와 병행해서 어린이 의회를 구성하는 경우 선거 연령이 9세로 내려가고 의원의 임기는 2년입니다. 기초자치단체 청소년 의회의 의원 정수는 보통 10~40명이며, 대도시 청소년 의회의 경우 예외적으로 60명이 넘기도 합니다. 소모임에서 의논하고 정리한 주제를 전체 회의에서 다룬 후, 필요한 경우 의결합니다. 의결 사항은 시의회에 전달해 해당 문제를 결정할 때 참고하도록 합니다.

서부 유럽에서는 청소년 의회에서의 활동 경험을 바탕으로 13세 ~16세 정도의 이른 나이에 정당에 가입해 활동하다가 20대 초반에 지방의회에 진출하고 30대에는 본격적으로 국회의원 선거나 시장 선거 등에 출마하기도 합니다.

 어떻게 할 수 있나요?

청소년 의회는 청소년의 이익을 대변하는 대의제 기관이며 지역의 의사 결정 과정에 청소년이 참여할 수 있는 좋은 수단이기도 합니다. 물론 법률이나 조례에 그렇게 규정되어 있어야 비로소 대의제 기관이라

할 수 있겠죠. 요즈음 우리나라의 지방자치단체에도 어린이·청소년 의회가 조례에 근거해서 생겨나고 있습니다. 광주시 어린이·청소년 의회 등이 이런 사례입니다. 서울시 금천구 청소년 의회는 법적 근거 없이 자발적으로 활동하는 청소년 의회라고 할 수 있습니다.

2011년 6월 독일 베를린의 어린이·청소년 의회

여러분의 참여가 더해진다면 우리나라도 유럽 국가들처럼 청소년이 실질적으로 지역사회의 의사 결정에 참여할 수 있지 않을까요.

I Can! We Can!

- 우리 지역의 어린이·청소년 의회에 대해 조사하기
- 우리 지역의 어린이·청소년 의회 관련 조례 조사하기
- 조례를 제정하기 위해 우리 지역의 시·도의원 면담하기
- 조례의 필요성에 대해 학교와 지역에서 설문조사 하기
- 외국의 어린이·청소년 의회에 대해 조사하기

2. 우리 지역, 이렇게 바꿔요

[1] 사고 위험성이 높은 곳 안전하게 만들기

 왜 관심이 필요한가요?

여러분이 사는 동네에도 가로등이 없어서 어두운 골목이나 무단 주차된 차가 많아서 비좁은 길이 있나요? 이런 길에서는 자전거를 타다가 넘어지기도 쉽고, 걸어가다가 차에 부딪힐 때도 많을 겁니다. 누군가는 불편을 느끼지 못하는 장소에서 또 다른 누군가는 큰 불편을 느낄 수도 있지요. 우리가 무심코 지나치는 장소에서 어린이, 노약자, 장애인이 다치는 경우도 있습니다.

 어떻게 할 수 있나요?

관련 기관에 알리고 문제 해결을 요구해야 합니다. 그러나 같은 문제가 반복되지 않게 하려면 여러 사람에게 이 문제를 알리고 공감을 얻는 것도 필요합니다.

I Can! We Can!

- 위험 지역을 조사하고 위험한 지역을 관공서에 알리기
- 지역 언론사에 제보하기
- 법을 바꾸어야 할 문제인 경우 시·도의원과 면담하기

---

[2] 지역사회 문제를 다루는 시민단체 방문하기

 왜 관심이 필요한가요?

시민단체는 공공의 이익을 위해 시민이 자발적으로 만들고 참여하는 조직입니다. 시민의 삶에 영향을 미치는 결정이 민주적으로 이루어지지 않을 때 시민단체는 이를 비판하고 견제하면서 합리적인 대안을 제시합니다. 시민단체의 활동이 활발한 사회는 권한을 잘못 행사하는 정부 기관이나 특정한 이익을 추구하는 세력으로부터 시민의 권익을 잘 보호할 수 있습니다.

 어떻게 할 수 있나요?

우리 지역에는 어떤 시민단체가 있는지, 우리 지역의 현안에 대해 어떤 입장을 가지고 있는지 알아봅시다. 시민단체가 진행하고 있는 캠페인이나 집회에 동참하거나 시민단체가 경제적으로 독립해 제 목소리

를 충분히 낼 수 있도록 회원이 되는 방법도 있습니다.

I Can! We Can!

- 지역의 문제를 알아보기 위해 지역의 시민단체를 찾아보기

- 시민단체 담당자와 면담하기

- 시민 1인당 2개 이상의 시민단체에 가입하기(유럽 선진국 수준)

- 시민단체가 주최하는 여러 가지 행사에 참여하기

3. 학교, 이렇게 바꿔요

(1) 학교 규정 바꾸기

 왜 관심이 필요한가요?

여러분이 가장 바꾸고 싶은 학교 규정은 무엇인가요? 많은 중·고등학생들은 화장 금지, 두발 길이 제한, 파마 및 염색 금지와 같은 외모 규정을 바꾸고 싶어 합니다. 자유를 억압하는 규정이라고 느끼기 때문이지요.

　하루 중 대부분의 시간을 학교에서 보내는 만큼, 달라졌으면 하는 또 다른 문제를 발견하지는 않았나요? 주위를 잘 둘러보고 여러분과 후배들을 위해 한번 나서 보면 어떨까요?

 어떻게 할 수 있나요?

두발 자유화에 대한 목소리는 2000년대 초반부터 커지기 시작했습니다. 청소년들은 '노컷 운동'이라는 이름으로 두발 규제 반대 서명운동을 펼쳤고 거리 시위도 벌였습니다. 2005년 국가인권위원회는 "강제적인 두발 단속 방법이 학생의 행복추구권과 사생활 자유를 침해한다"면서 바꿀 것을 권고했습니다. 또 2010년 이후에 몇몇 지방자치단체에서 학생인권조례가 제정되면서, 두발 자유는 제도적으로 보장됐지만 여전히 학교 자율에 따라서 단속과 규제가 이어지는 상황이죠. 이제 개별 학교에서 공론화를 통해서 생활 규정을 바꾸는 과정이 남아 있습니다. 학교 교칙 등의 규정은 학교 내 구성원들의 논의로 바꿀 수밖에 없습니다. 두발·복장·용모 등의 문제뿐만 아니라 다른 내용들도 마찬가지입니다. 만일 법률로 정해 모든 학교에서 반드시 지키도록 하려면 국민 다수의 지지와 동의를 얻어야 합니다.

학교의 규정을 바꾸고 싶다면 먼저 같은 생각을 가진 사람들을 찾아보세요. 친구, 교사, 학부모 등 주변 사람들을 잘 설득해야 하겠지요.

I Can! We Can!

- 바꾸어야 할 학교 규정에 대해 공감하는 학생끼리 자율 동아리 만들기
- 우리의 입장에 찬성하는 교사나 학부모 단체에 지원 요청하기
- 개정안을 마련해 학생회와 학교 운영위원회에 안건 상정하기
- 우리의 입장에 반대하는 사람이나 단체 만나 설득하기

---

(2) 학교 문화 바꾸기

 왜 관심이 필요한가요?

문화는 눈에 보이지 않지만 사람들에게 많은 영향을 미칩니다. '학교 문화' 역시 그러합니다. 좋은 학교 문화 속에서는 구성원이 즐겁고 마음 편하게 생활할 수 있습니다. 학생, 교사가 서로를 존중하는지, 사용

하는 언어가 부드럽고 민주적인지, 선후배 사이에 폭력적인 관습은 없
는지, 학교 폭력이 자주 발생하지는 않는지 등이 학교 문화가 좋은지
아닌지 등을 가늠할 수 있는 기준일 것입니다.

 어떻게 할 수 있나요?

학교 문화가 폭력적이고 비민주적일 때 가장 힘든 사람은 학생일 것입
니다. 그러므로 학교 문화를 개선하기 위한 학생들의 적극적인 노력과
참여가 절실합니다.

학교생활 규칙을 개정하거나 새로 만들 때 학생을 포함하여 학교
구성원 모두가 합의할 수 있도록 충분히 소통해야 합니다.

소통의 과정에서 서로를 존중하는 태도를 가질 수 있도록 언어 사
용 규칙을 정하는 것도 좋습니다.

I Can! We Can!

- 폭력, 왕따, 욕설 없는 학교 만들기를 위한 학교 윤리 강령 제정하기
- 하루를 시작하면서 학교 구성원들끼리 인사하기
- 학교 구성원 모두 존댓말(경어) 사용하기
- 위의 내용들을 규정에 반영하기 위한 동아리 구성하기
- 비민주적 호칭이나 언어 사용은 서로 지적하기

4. 사회적 약자의 권리를 위해 연대해요

(1) 저소득층을 위한 연대

 왜 관심이 필요한가요?

우리는 주기적으로 복지 사각지대에 놓인 사람들의 불행한 소식을 접합니다. 대표적 사건이 2014년 송파 세 모녀 자살 사건, 2018년 증평 모녀 자살 사건 등입니다. 2017년 보건복지부 기초생활보장 실태 조사 결과 비수급 빈곤층*은 2015년 144만 명으로, 100만 명 이상의 국민이 복지 사각지대에서 생활하고 있습니다. 언제든 송파 세 모녀 같은 상황이 발생할 수 있다는 점에서 정부의 시급한 지원 방안 마련이 필요합니다.

 어떻게 할 수 있나요?

저소득층의 안정적 소득 활동과 지출 부담(주거비, 의료비, 교육비 등) 경감을 위한 정책이 마련되어야 합니다. 위기에 처한 가구를 빨리 발견하고 지원하는 방안도 필요합니다. 그렇게 하려면 우리는 어떤 노력을 해야 할까요?

* 비수급 빈곤층은 소득과 재산을 고려해서 정부가 소득으로 인정한 수입이 최저생계비 이하이지만 부양의무자가 있다는 이유로 기초생활수급자가 되지 못하는 계층을 말합니다.

I Can! We Can!

- 복지 재원 마련 방법 조사하기
- 공정하고 공평한 조세 제도에 대해 조사하기
- 국민기초생활보장제도, 기초연금, 장애인연금, 근로장려세제 등 관련 제도 알아보기
- 관련 기관에 우리의 의견 전달하기
- 학교에서 자율 동아리 만들어 저소득층을 위한 연대 방안 연구하기

(2) 사회적 소수자를 위한 연대

 왜 관심이 필요한가요?

사회적 소수자란 신체적 또는 문화적 특징(장애, 나이, 사상, 인종, 국적 등) 때문에 자기가 사는 사회의 다른 성원들로부터 구분되어 불평등한 처우를 받는 사람을 말합니다. 단순히 수가 적다고 해서 사회적 소수자가 아닙니다. 사회에서 다수를 차지하더라도 정치적, 경제적, 사회적으로 권력이 약하다면 사회적 소수자가 될 수 있습니다. 예를 들어, 남아프리카공화국의 경우 인구의 4분의 3이 흑인이지만 사회의 상층부를 차지하는 부유한 백인들에 비해 흑인들은 여전히 정치적, 경제적으로 차별받는 사회적 소수자이지요. 어떤 상황에서 소수자가 아니었던 사람도 상황이 바뀌면 소수자가 될 수 있습니다. 예를 들어 우리나라에서 좋은 대학 나와 좋은 직장에 다녀서 소수자에 해당하지 않던 사람도 미국으로 이민을 가면 '아시아계 인종'으로 사회적 소수자가 될 수 있습니다.

우리나라에서 소수자 집단은 이주노동자, 결혼 이민자, 북한 이탈 주민, 양심적 병역거부자, 특정 종교 신자, 장애인, 동성애자, 특정 지방 출신자 등이 될 것입니다. 여러분이 생각할 때 어린이와 청소년은 소수자 집단인가요?

 어떻게 할 수 있나요?

소수자 차별 문제를 개선하기 위해서는 이들이 도움을 받을 수 있도록 교육과 상담 등 복지 프로그램을 마련하고 사회적 소수자에게 불리한 법규를 고치거나, 차별을 못하게 강제할 수 있는 제도를 마련해야겠지요. 우리는 모두 상황에 따라 소수자가 될 수 있습니다. 입장 바꿔 생각해 보면 해결책을 찾을 수 있을 것입니다.

I Can! We Can!

- 사회적 소수자의 권익 향상을 위한 캠페인 하기
- 사회적 소수자와 연대하는 학교 내 자율 동아리 만들기
- 우리 지역의 사회적 소수자 차별 실태 조사하기

(3) 미혼 부모와 그 아이들을 위한 연대

 왜 관심이 필요한가요?

서울 관악구 난곡동 ○○공동체교회에는 베이비박스가 설치되어 있습니다. 베이비박스는 아기를 키울 수 없게 된 부모가 아기를 안전하게 두고 갈 수 있도록 만든 상자입니다. 자칫하면 거리에 버려져 죽을 수도 있는 영유아를 위한 것이지요.

경제적으로 어려워 아이를 직접 기르지 못하거나 미혼모나 미혼부에 대한 사회적 편견 때문에 출생신고를 못하는 이들이 베이비박스를 주로 찾는다고 합니다. 통계청이 발표한 '2015 인구주택총조사'를 보면 미혼모는 2만 4천 명, 미혼부는 1만 1천 명으로 집계됐습니다. 미혼 부모는 법적으로 미혼이면서 18세 이하 자녀를 양육하는 이들을 말합니다.

 어떻게 할 수 있나요?

아기가 버려지는 주요 원인으로는 개정된 입양특례법의 제도적 문제점과 함께 부모의 사회적·경제적 어려움이 주로 꼽힙니다. 입양특례법이 개정된 2012년을 기점으로 버려지는 아동의 수가 급증했습니다. 개정법에서는 출생신고를 해야만 입양이 가능하기 때문에 출생신고가 부담스러운 미혼 부모는 입양 대신 유기를 선택한다고 합니다. 실제 ○○공동체교회의 베이비박스가 문을 연 이듬해인 2010년 4명에 불과했던 보호 아기 수가 2011년 37명, 2012년 79명, 2013년 252명으로 부쩍 늘었습니다. 바뀐 법이 도리어 출생신고가 안 된 채 버려지는 아이를 양산하는 부작용을 낳은 것이지요. 사회적·경제적 어려움으로 아기를 유기하는 이들은 대부분 10대, 20대의 미혼 부모입니다. 혼외 관계로 아이를 낳거나 장애아·혼혈아라는 이유로 버리는 사례도 종종 있다고 합니다. 이런 상황에서 우리는 어떤 노력을 할 수 있을까요? 버림받은 아이의 입장에서 생각해 봅시다.

I Can! We Can!

- 버려지는 아이들에 대한 공부 동아리 만들기
- 다른 나라의 복지 정책에서 배울만한 점을 조사하기
- 미혼 부모의 경제적 어려움을 해결할 수 있는 정책 마련 요구하기
- 미혼 부모에 대한 사회적 편견을 해소할 수 있는 캠페인 하기
- 입양특례법을 개정하기 위해 국회의원에게 편지 쓰고 면담 요청하기
- 동아리 친구들과 함께 언론사에 기고문 보내기

5. 다문화 사회를 준비해요

(1) 이주노동자와 함께

 왜 관심이 필요한가요?

한국인은 백인과 서구 문화를 대표하는 미국인 이민자에게는 비교적 개방적이지만, 그 밖의 유색인종에게는 폐쇄적인 태도를 보입니다. 유엔 인종차별철폐위원회는 2007년 한국에 '인종차별에 대한 적절한 조치를 취해야 한다'고 권고하기도 했습니다.*

『한국경제신문』이 2012년부터 2015년까지 국내 언론에 보도된 이주노동자 관련 감성어 키워드를 분석한 결과, 상위 10개 중에 '불법', '열악한', '범죄', '어려운', '혐의' 등 부정적 단어는 다섯 개로 집계된 반면 긍정적 단어는 '도움', '안전' 두 개에 그쳤습니다. 그러나 이주노동자를 잠재적 범죄자쯤으로 여기는 인식은 사실과는 거리가 멉니다. 경찰청의 조사에 따르면, 인구 10만 명당 내국인 범죄 건수는 2014년 기준 3472건으로 외국인(1583건)보다 2.2배가량 많았다고 합니다.**

이런 상황 속에서 이주노동자들은 저임금, 장시간 노동, 열악한 노동 조건과 건강 문제, 임금체불, 작업 현장에서 인권침해와 언어폭력 등에 시달리고 있습니다. 게다가 미등록 노동자들은 한국 사회에서 법적으로 전혀 보호받지 못하면서 언제 강제 출국을 당할지 몰라 불안에 떠는 상황입니다. 미등록 노동자 사이에서 태어나 불법으로 체류하게

* 유엔 인종차별철폐위원회는 2018년 12월 14일 우리나라 정부에 포괄적인 인종차별 금지법 제정을 거듭 촉구하고 사회 전반으로 확산하는 인종차별 증오 표현에 대한 대책 수립을 권고했습니다. 특히 인종차별 금지와 관련된 법적 기준이 전혀 없다는 점을 거듭 강조하고 증오 표현, 외국인 노동자 차별, 저조한 난민 인정률, 외국인 어린이의 출생등록 등과 관련될 문제점을 지적했습니다.
** 한국경제신문 2016년 2월 4일 보도입니다.

된 아이들의 인권 문제 역시 심각합니다.

 어떻게 할 수 있나요?

1980년대부터 인구 고령화로 고민하던 싱가포르는 각종 출산 장려책
이 무용지물이 되자 1999년부터 2년 이상 체류한 외국인에게 영주 비
자 신청권을 줬습니다. 영주권을 받은 외국인에겐 공공 주택 입주권,
공적 연금제도 가입 자격을 부여했고요. 그 결과 2000년 75만 4천 명
이던 이민 인구는 2014년 100만 명으로 대폭 늘었습니다. 이민자가
싱가포르 전체 인구의 약 3분의 1을 차지합니다.

우리나라도 출산율이 좀처럼 높아지지 않는 상황에서 이민자를 적
극적으로 수용하는 것이 현실적인 대안이 될 수 있습니다. 그러나 우
리 사회는 이들의 값싼 노동력을 필요로 하면서도 이들이 안정적으로
노동력을 제공할 수 있는 적절한 조건은 갖추어 놓지 않았습니다.

인권의 관점에서도 이주노동자에 대한 제약과 편견, 차별 대우는
부당한 일입니다. 내국인 노동자와 이주노동자가 공존할 수 있는 방법
은 무엇일까요? 우리는 어떤 행동을 할 수 있나요?

[2] 난민과 함께

 왜 관심이 필요한가요?

난민이란 국제법상 인종, 종교, 민족, 특정 사회집단의 구성원 신분, 또는 정치적 의견을 이유로 박해를 받을 우려가 있어 모국의 보호를 원치 않는 자를 뜻합니다.

난민이라는 단어가 우리 일상에 가깝게 다가왔던 적은 없었습니다. '예멘 난민' 이전에는 말이지요. 2018년 여름, 전쟁으로 고국을 떠난 500여 명의 예멘인들이 제주도에서 난민 신청을 했습니다. 그러자 청와대 국민청원 게시판의 난민 거부 청원에 70만 명 이상이 동참하며 '난민에 대한 혐오'라는 우리 사회의 민낯을 여과 없이 드러냈습니다.

오늘날 선진국 반열에 올라선 우리나라는 난민협약을 포함한 여러 인권 조약의 가맹국이기도 합니다. 일제강점기와 한국전쟁 시기 우리 조상들은 중국, 미국 등지로 흩어져 그야말로 난민으로 살았던 경험도 있습니다. 그럼에도 불구하고 주요 선진국 중 대한민국의 난민 인정률은 매우 낮습니다.

 어떻게 할 수 있나요?

우리는 자신이 어떤 나라에서 태어날지 알지 못한 상태에서 태어납니다. 그 나라는 누군가에게는 살기 좋은 나라일 수 있지만 또 다른 누군가에게는 견디기 힘든 고통을 주는 나라일 수 있지요.

과거에 우리나라에서 다른 나라로 피신한 난민은 어떤 사람이었을까요? 지금은 그런 사람이 없을까요? 유엔난민기구(UNHCR)에서 제공하는 통계에 따르면, 2016년 한 해에 발생한 한국 출신 난민 숫자는 243명이라고 합니다. 난민 신청 사유는 공개되지 않으므로 그 까닭을 알 수는 없습니다.

그러나 난민 문제를 잘 살펴보면 세계 여러 나라의 분쟁 상황, 우리 사회의 다양한 모습에 대해 이해할 수 있습니다. 여러분도 관심을 갖고 조사해 보면 어떨까요? 난민 신청자에게 우리가 어떤 태도를 취하면 좋을지도 한번 판단해 보세요.

> **I Can! We Can!**
>
> - 우리나라에서 외국으로 도피한 사람(난민)들을 조사해 보기
> - 우리나라의 난민 인정률을 국제적으로 비교해 보기
> - 난민 문제의 해결 방안을 제도적·문화적 차원으로 나누어 마련하기
> - 우리가 마련한 해결 방안 홍보하기
> - 난민 문제를 함께 공부할 학교 동아리를 만들고 연구하기

6. 성평등을 이루어요

[1] 성소수자의 권리

 왜 관심이 필요한가요?

한 인간의 성적 지향은 선천적인 요인과 후천적인 요인이 합쳐져 하나의 지향을 이룹니다. '성적 지향'이란 다른 사람에 대한 감정적, 정서적, 또는 성적 이끌림을 기술할 때 쓰는 개념입니다. 다른 사람이 지지한다고 해서 성적 지향이 확대되는 것도 아니고, 다른 사람이 지지하지 않는다고 해서 성적 지향이 사라지는 것도 아닙니다.

　한국 사회는 모든 사람이 이성애자라는 것을 전제로 성과 사랑을 인정하고 혼인과 가족 제도 역시 이성애만을 인정하고 있습니다. 그래서 성소수자는 그 존재를 인정받지 못하고 지금까지도 배제와 차별의 대상에 머물러 있습니다.

 어떻게 할 수 있나요?

우리 주위에 성소수자가 별로 없는 것처럼 보일 수 있습니다. 그러나 한 연구에 따르면 동성애나 양성애의 기질로 태어날 확률은 0.5~1.7% 사이라고 합니다. 평균적으로 1%라고 가정하면 우리나라

인구 5천만 명 중 50만 명이 해당하겠지요.

미국 샌프란시스코 주립대의 케이틀린 라이언 박사 팀의 연구 결과를 인용하면, 성 정체성을 이유로 가족에게 강한 거부를 당한 청소년은 거부당하지 않거나 아주 약한 수준의 거부만 받은 동성애자 혹은 트랜스젠더 청소년과 견주었을 때 △8배 이상으로 자살 시도를 했고 △거의 6배에 달하는 비율로 심한 우울증을 호소했으며 △3배 이상의 약물 오남용과 3배 이상의 HIV와 성병 감염률에 노출되어 있었다고 밝혔습니다.

우리는 동성애자에 대한 혐오 표현, 성소수자의 행동이나 태도를 웃음거리로 삼는 방송 내용 등을 종종 접합니다. 친구들과 함께 평소의 언어 습관과 그 속에 담긴 이성애 중심적 사고방식을 성찰해 보는 것은 어떨까요? 다른 나라에서는 성소수자의 인권을 어떻게 보호하고 있는지 알아보는 것도 좋겠습니다.

I Can! We Can!

- 성차별 문제에 대해 공부하는 학교 동아리 만들기
- 성소수자 차별 사례나 혐오 표현 사례 조사하기
- 방송 매체 속 성차별 표현에 항의하기
- 다른 나라의 성소수자 인권 보호 정책과 법 조사하기
- 성적 지향에 따른 차별 금지법 제정 요구하기

[2] 젠더 평등 실천하기

 왜 관심이 필요한가요?

성(性, sex)은 겉으로 보이는 신체 특징과 같은 생물학적 차이로 남녀를 구분하는 말입니다. 이와 비교하여 젠더(gender)는 '남자는 파란색이 어울리고 로봇을 좋아해. 여자는 분홍색이 어울리고 인형을 좋아해'라고 남자와 여자를 구분 짓는 생각이 사회 환경과 훈련에 의해 형성되었다는 의미가 있습니다. 즉, 우리는 타고난 대로 자연스럽게 큰 것이 아니라 특정한 방향으로 길러졌다는 것입니다. 젠더 구분에 맞지 않는 행동을 할 때마다 '너는 왜 남자답지 못하게 소심하니?'라거나, '여자애가 왜 이리 칠칠맞지 못하니?' 하는 비난을 들으면서 말이지요.

우리가 이런 말에 움츠러들면 자신의 진짜 모습을 알 수 없습니다. 그리고 자기답게 살아가는 타인 역시 존중할 수 없게 되지요.

 어떻게 할 수 있나요?

일상생활에서 여자와 남자를 구분 짓는 말과 행동에 대해 의문을 가져 봅시다. '왜 줄을 설 때 여자 한 줄, 남자 한 줄 서야 할까?' '왜 여자는 피구, 남자는 축구를 해야 할까?' 하고 말이지요.

교과서에 등장하는 인물은 대개 여자인지, 남자인지, 어떤 모습으로 등장하는지 살펴보세요. 엄마로 등장하는 인물과 아빠로 등장하는 인물의 옷차림은 어떻게 다른가요? 더 나아가 우리 사회에서 여성의 역할과 남성의 역할은 어떻게 다른지, 그에 따른 차별에는 무엇이 있는지 생각해 보세요.

I Can! We Can!

- 젠더 평등을 연구하는 동아리 만들기
- 성차별적인 말을 평등한 말로 바꾸는 캠페인 하기
- 교과서 속에 등장하는 성차별적인 글이나 삽화에 대해 항의하기

7. 현명한 소비자가 되어요

(1) 윤리적 소비하기

 왜 관심이 필요한가요?

윤리적 소비는 사회 정의, 환경, 평화, 나눔 등의 가치를 소중히 생각하고 이를 일상생활에서 실천하는 방향으로 소비하는 것을 말합니다. 예를 들면 초콜릿 하나를 살 때도 어린이의 노동력을 착취하여 생산된 제품은 아닌지, 생산 과정에서 환경에 해를 끼친 것은 아닌지 따져 보고 공정무역 인증을 받은 초콜릿을 사는 것이지요. 생활 용품을 구입할 때도 친환경 마크가 있는지 확인하고요.

    조금 번거롭더라도 많은 사람들이 이렇게 하는 까닭은 저렴한 가격에만 매몰되지 않고 소비 결정권을 가진 주인으로서 똑똑한 판단을 하여 좀 더 살기 좋은 세상을 만들고 싶기 때문입니다.

 어떻게 할 수 있나요?

윤리적 소비를 하려면 신중하게 생각하는 연습이 필요합니다. 이 물건이 나에게 오기까지 어떤 과정을 거쳤는지 알아보고 공부도 조금은 해야 합니다. 현명한 소비자, 똑똑한 시민이 되려면 꼭 해야 하는 공부입니다.

윤리적 소비를 위한 구체적인 방법은 다음과 같습니다. 첫째, 사람이나 동물, 환경에 해를 끼치지 않는 제품을 구매합니다. 둘째, 해로운 제품은 구매하지 않고 다른 사람에게도 구매하지 않도록 권합니다. 셋째, 다른 조건이 비슷하다면 되도록 우리 지역에서 생산한 것을 구입합니다. 넷째, 무조건 싼 것을 사기보다 공정하다고 생각하는 가격을 지불합니다. 다섯째, 과소비보다는 절제를 선택하고 가진 것을 나누거나 공유합니다.

I Can! We Can!

- 공정무역과 친환경 마크에 대해 조사하기
- 윤리적 소비를 연구하고 실천하는 동아리 만들기
- 관련 시민단체 방문하고 면담하기
- 윤리적 소비를 홍보할 수 있는 방법 찾고 실천하기

[2] 기업 활동 감시하기

 왜 관심이 필요한가요?

2012년 세계은행보고서에 따르면 사회적 신뢰도가 10% 증가할 때마다 경제 성장률도 0.8% 증가한다고 합니다. 신뢰는 모든 경제 활동의 기반입니다. 기업이 노동자, 소기업, 작은 가게, 소비자 등에게 무책임하게 행동해 신뢰를 잃는다면 이를 바로잡아야 할 것입니다. 학교 앞

문방구에서 파는 불량 문구류나 청소년에게 값싸게 팔리는 화장품, 학
교에 불량 식자재를 납품하는 업체들을 잘 감시할 필요가 있겠지요.
불매운동은 기업의 태도를 바꾸는 데 가장 효과적인 방법으로 알려져
있습니다. 미국에서 불매운동은 유명한 전자회사의 핵무기 사업부를
폐지시켰고, 남아프리카공화국의 인종차별 정책을 폐지시키기도 했답
니다.

 어떻게 할 수 있나요?

좋은 평가를 받는 기업을 조사하고 그 기업에 칭찬 편지를 보냅시다.
칭찬은 고래도 춤추게 한다는 말이 있지요. 편지에 그 기업의 사회적
책임 실천을 칭찬하고 내가 주위에 그 기업의 면모를 홍보하고 있다고
알립시다.

    반대로 무책임한 행태를 보이는 기업에게는 항의하는 편지를 쓰거
나 제품 불매운동을 할 수 있습니다. 더 많은 사람들에게 알리기 위해
방송, 인터넷 등 매체를 활용할 수도 있을 것입니다.

I Can! We Can!

- 무책임한 행태를 보이는 기업에 대해 항의하거나 제품 불매운동 하기
- 사회적 책임을 실천하는 기업 알아보고 주위에 홍보하기
- 안전하지 않은 제품으로 인해 발생했던 피해 사례 조사하기
- 기업의 목적이 이윤 추구인지 사회에 대한 기여인지 토의하기
- 기업 활동을 감시하는 시민단체 방문하고 면담하기

8. 언론, 두 눈 크게 뜨고 보아요

(1) 가짜뉴스 골라내기

 왜 관심이 필요한가요?

가짜뉴스란 정치적, 경제적 이익을 위해 진짜 언론 보도처럼 보이도록 가공하여 유포하는 거짓 정보를 말합니다.

2016년 11월 미국 대통령 선거 당시 '가짜뉴스'가 보여 준 파급력은 전 세계를 놀라게 했습니다. 당시 페이스북에 가장 많이 공유된 기사 5개 중 4개가 가짜뉴스였다고 합니다. '프란체스코 교황이 트럼프를 지지한다'(1위)거나 '힐러리가 이슬람 국가 테러 단체(IS)에 무기를 팔았다'(3위) 등은 삽시간에 전 세계로 퍼졌습니다. 진실은 중요하지 않았습니다. 페이스북 이용자들은 자극적인 내용을 접하자마자 '공유'(share) 버튼을 눌렀어요. 이 가짜뉴스에 대한 공유나 댓글 건수는 각각 96만 건, 79만 건에 달했다고 합니다.*

그렇다면 가짜뉴스를 만들고 퍼트리는 사람들은 왜 그렇게 하는 걸까요?

첫째, 사람들이 특정한 방향으로 생각하길 바라기 때문입니다. 미국 대선의 사례처럼 누군가를 당선시키고 누군가를 낙선시키고 싶어서이지요.

둘째, 가짜뉴스가 돈이 되기 때문입니다. 자극적이고 충격적인 내용으로 꾸며서 사람들이 많이 조회하면 그만큼 광고 수익을 얻을 수

* [네이버 지식백과] '가짜뉴스'[fake news]에서 재구성했습니다.

있으니까요.

아무리 진짜처럼 꾸몄다고는 해도 터무니없는 내용이 담긴 가짜 뉴스에 사람들이 잘 속는 데는 다른 까닭도 있습니다. 사람은 자신이 믿고 싶은 것만 믿는 경향이 있습니다. 심리학 용어로는 '확증 편향'(confirmation bias)이라고 합니다. '이 뉴스를 봐, 내 생각이 맞았어' 하면서 공유 버튼을 누르고 댓글을 씁니다. 자신도 모르게 가짜뉴스를 퍼트리는 행위에 동참하게 되지요.

가장 큰 문제는 사실을 잘못 알고 상황을 잘못 해석하면서 개인의 편견과 고정관념이 더 강해질 수 있다는 점입니다. 이는 사회적으로 민주주의를 위협하는 결과로 이어질 수 있습니다.

 어떻게 할 수 있나요?

전 세계가 가짜뉴스와 전쟁을 벌이고 있습니다. 독일 정부는 가짜뉴스나 혐오 표현, 폭력, 범죄와 관련된 게시물을 차단하지 않고 방치하는 소셜 네트워크 사업자에게 최대 5천 만 유로(약 650억 원)의 벌금을 부과하는 법안을 시행하고 있습니다. 페이스북 창업자인 마크 저커버그는 미국 의회 상하원 청문회에 불려 나갔고, 유튜브는 가짜뉴스 퇴치를 위해 2500만 달러를 투입하겠다고 밝혔습니다. 페이스북·애플·유튜브는 혐오 표현을 지속해 온 매체 '인포워스' 콘텐츠를 검열·삭제했습니다.

하지만 이 같은 조치들이 얼마나 실효성이 있을지는 두고 보아야겠지요. 사후 신고 방식으로는 가짜뉴스의 생산과 확산 속도를 따라잡기 어렵기 때문입니다. 또 처벌에만 초점을 맞춘 대응책은 가짜뉴스 차단에 한계를 드러낼 수밖에 없습니다. 어떻게 해야 할까요?

I Can! We Can!

- 우리나라의 가짜뉴스 사례 조사하기
- 가짜뉴스를 걸러내는 장치 조사하기
- 가짜뉴스를 중계한 매체도 배상 책임을 지도록 법률 제정 촉구하기
- 가짜뉴스를 제공하는 사이트를 찾고 비판 글 게시하기

[2] 언론의 광고 실태 파악하기

 왜 관심이 필요한가요?

시민이 올바른 정보를 얻지 못하면 올바른 판단을 할 수 없습니다. 그래서 공정한 보도를 하는 언론의 역할이 매우 중요합니다. 문제는 언론사도 기업이기 때문에 경제적 이해관계로부터 자유로울 수는 없다는 점입니다. 그리고 때로는 정치적 압력을 받기도 합니다. 언론사의 주인(사주)이 가진 정치적 입장에 따라 왜곡되거나 편파적인 보도를 할 수도 있습니다.

언론사를 운영하려면 돈이 필요합니다. 더구나 대기업은 국내 최대 광고주인 만큼 광고 의존도가 크고 재무 상태가 좋지 않은 언론사들은 대기업의 눈치를 보며 공정 보도를 못할 수 있습니다. 언론 보도가 공정하게 이루어지려면 시민의 감시와 노력이 필요합니다.

어떻게 할 수 있나요?

언론사도 정치적, 경제적 이해관계의 영향을 받는 기관이라는 점을 인식하고 보도 내용을 비판적으로 바라보세요. 중요한 뉴스인데도 다루지 않거나 자극적이고 가벼운 내용 위주로 다루는 언론사는 이용하지 맙시다. 그리고 공정한 보도를 하지만 재정상의 어려움을 겪는 언론사가 있다면 구독이나 후원을 하는 것도 좋은 방법이 되겠지요.

I Can! We Can!

- 언론사의 광고 비중 조사하기
- 광고 부족으로 어려움을 겪는 언론사와 그 이유 조사하기
- 공정한 보도를 하지 않는 언론사에 항의 글 보내기
- 공정한 보도를 하는 언론사를 응원하고 구독하기
- 언론을 감시하는 시민단체를 방문하고 면담하기
- 우리나라의 대안 언론 조사하고 후원하기
- 이 문제를 공부하기 위한 교내 자율 동아리 만들기

---

(3) 광고 분석하기

 왜 관심이 필요한가요?

대부분의 광고는 우리가 스스로 '부족함'과 '불편함'을 느껴야 하며 기업의 상품이나 서비스를 구입하는 것만이 유일한 해결책이라는 식으로 구성됩니다. 광고나 기업 마케팅이 제공하는 특정 관점에 휘둘리지

않고 균형 잡힌 삶을 살기 위해서는 이에 대해 비판적인 관점을 가질 필요가 있습니다.

어린이와 청소년을 대상으로 하는 광고들은 어린 시절부터 특정 기업이나 상품에 호감을 갖게 하고 부모의 지출을 끌어내기 위해 만들어지고 있습니다. 때로는 비윤리적인 내용이나 특정 대상에 대한 왜곡된 가치관이나 인식을 갖게 하는 내용이 담깁니다.

 ### 어떻게 할 수 있나요?

요즈음에는 SNS와 유튜브 채널, 온라인 실시간 방송 등 매체가 다양해지면서 광고에 노출되는 통로도 다양해지고 있습니다. 온라인 마케팅 기법의 발전으로 개별 맞춤 광고도 갈수록 정교해지고 있지요.

매체와 광고의 관계를 비판적으로 인식하고 주체적으로 이용할 수 있는 시각을 가져 봅시다. 일주일 동안 이용하는 매체와 이용 시간을 정확히 기록하여 실태를 파악해 보세요. 광고 속에 담긴 의도와 왜곡된 가치를 비판하는 매체를 직접 만들어 보는 것은 어떨까요?

> **I Can! We Can!**
>
> · 광고 내용을 공부하는 학교 동아리 만들기
> · 청소년에게 해로운 광고 조사하여 언론 기관에 기고하기
> · 광고주인 기업에 항의 편지 보내기
> · 광고를 분석·비판하는 영상물 만들고 공유하기

(4) 지역 언론 살리기

 왜 관심이 필요한가요?

지역 신문은 그 지역의 다양한 소식을 알려주는 자료입니다. 지역 신문을 보면 지역사회에 참여할 수 있는 분야나 방법을 찾아낼 수도 있습니다. 그리고 지역 신문의 의견란을 활용해 나의 생각이나 주장하는 바를 세상에 알릴 수 있습니다.

지역 신문이 활성화되면 우리 지역의 지방자치단체가 어떤 정책을 펴고 있는지, 예산을 알맞게 쓰고 있는지 소식을 쉽게 전달받을 수 있습니다. 지방의회에서 의논하고 있는 조례는 무엇이며 어떤 의원이 어떤 발언을 하고 어떻게 의결했는지도 상세히 알 수 있습니다.

 어떻게 할 수 있나요?

지역 언론 역시 다른 언론사와 마찬가지로 경제적, 정치적 이해관계에 휘둘리지 않으려면 재정이 안정되어야 합니다. 우리 지역의 언론사에 관심을 갖고 지역 언론의 활성화를 위한 방법을 알아봅시다.

> **I Can! We Can!**
>
> - 우리 지역에서 발간되는 신문 조사하기
> - 지역 신문의 장단점 파악하기 · 지역 신문 활성화를 위한 방법 알아보기
> - 직접 유튜브 채널 만들어 지역 언론사 역할하기

9. 평화로운 세상을 만들어요

(1) 핵무기를 출입 금지시키는 조례 만들기

 왜 관심이 필요한가요?

제주 시민단체와 활동가들로 구성된 '비핵제주평화시민모임'은 2018년에 미국의 핵 항공모함을 포함한 모든 핵 전함의 제주 해군기지 입항을 반대하고 나섰습니다. 아울러 핵무기 및 핵추진 선박 입항 금지 조례 제정을 촉구했습니다. 국가 차원에서 미국의 눈치를 보느라 금지시키지 못하니까 제주도라는 지방자치단체가 그들 지역의 법인 조례를 만들어 막겠다는 것이지요.

 어떻게 할 수 있나요?

핵무기는 단순히 어느 한 국가, 한 지역의 문제가 아닙니다. 핵무기 출입을 금지하는 외국의 사례를 조사해 보고, 우리 지역의 비핵 조례 제정 운동을 준비해 보는 것은 어떨까요.

> **I Can! We Can!**
>
> - 반핵운동의 역사 조사하기
> - 우리 지역 핵무기 출입 금지 조례 만들기

[2] 무기 수입·수출 줄이기

 왜 관심이 필요한가요?

일부 강대국은 전쟁을 '돈벌이가 잘 되는 사업'으로 취급하고 있습니다. 전 세계를 대상으로 무기를 제일 많이 파는 나라는 미국인데, 전 세계 무기 수출액의 절반 이상을 차지합니다. 우리나라는 어떨까요? 무기 수입을 많이 하여 군비 지출액이 세계에서 10위 안에 듭니다. 무기 수출 순위는 11위에 올랐습니다.

무기는 인명을 살상하는 일과 관련이 깊습니다. 우리가 무기를 많이 수입하는 것도 놀랍지만 무기 수출국 11위라니, 심각하게 고민해야 할 문제입니다. 국가 예산에서 군비를 많이 지출하면 그만큼 교육, 보건의료, 빈곤층 지원, 환경 보호를 위한 지출액은 줄어들 것입니다.

 어떻게 할 수 있나요?

우리나라의 군비 지출 총액과 무기 수입 액수를 알아보고 이를 줄일 수 있는 방법을 찾아 실천하는 노력을 해야 합니다. 그와 함께 무기 수

출도 줄이도록 노력해야겠죠. 한반도의 평화를 위해 우리 모두 관심을 기울여야겠습니다.

I Can! We Can!

- 무기 수입과 수출이 국내외에 미치는 영향 조사하기
- 한반도의 평화를 위해 노력하는 시민단체 방문하고 면담하기

---

[3] 핵무기 폐기 운동

 왜 관심이 필요한가요?

2018년 3월 6일, 북한은 남북 합의에서 한반도 비핵화 의지를 분명히 했습니다. 그러나 북한의 핵무기만 사라지면 우리는 안전할까요? 전 세계는 이미 1만 5천 발의 핵탄두를 보유하고 있습니다. 나가사키, 히로시마의 경험에서 배웠듯, 한두 발만으로도 인류에게 치명적인 피해를 줍니다. 한국은 이미 '핵확산금지조약'(NPT)*에 가입했지만 한계가 있습니다. NPT는 핵무기 보유국들 간의 힘의 균형을 맞추기 위해 더 이상 확산을 금지하자는 내용으로, 이미 보유하고 있는 핵무기의 폐기를 끌어낼 수 없습니다. 이에 반해 '핵무기금지조약'(TPNW)**은 핵무기의 개발, 보유, 사용을 전면 금지하고 위협이나 배치도 금지합니다. 따라서 핵보유국이 이 조약에 참여하려면 보유한 핵무기를 폐기하거나, 장래에 없애겠다는 약속을 하고 국제기관의 감시와 견제를 통해 서서히 폐기해야 합니다.

＊ Nuclear Non-Proliferation Treaty(NPT). 핵무기의 비확산에 관한 조약. 핵무기를 보유하지 않은 나라가 핵무기를 갖는 것과 핵무기 보유국이 비보유국에 핵무기를 제공하는 것을 금지하는 조약. 1969년 6월 12일 유엔 총회에서 채택되었습니다.

＊＊ Treaty on the Prohibition of Nuclear Weapons. 2017년 7월 7일 유엔 총회에서 122개국의 찬성으로 통과되었습니다. 그러나, 핵무기의 실질적인 보유국인 미국, 영국, 프랑스, 중국, 러시아와 보유국으로 평가되는 인도, 파키스탄, 이스라엘, 북한은 서명에 동참하지 않았습니다. 우리나라와 일본 등 미국의 핵우산에 포함된 국가들도 불참을 선언했습니다.

어떻게 할 수 있나요?

'핵무기금지조약'이 발효되려면 50개국의 비준이 필요합니다. 2017년 체결 당시 122개국이 찬성했지만, 비준한 국가는 5개국에 불과합니다. 이 운동을 이끌고 있는 ICAN*은 서둘러 동참국을 늘리고 이를 통해 핵보유국들을 압박할 계획입니다. 한국에서는 시민단체인 참여연대 소속 평화군축센터가 이 운동을 함께하고 있습니다. 우리가 동참할 수 있는 일에는 무엇이 있을까요?

＊ International Campaign to Abolish Nuclear Weapons. 핵무기 폐기 국제 운동. 핵무기 폐기를 위한 국제단체로 2017년에 노벨 평화상을 받았습니다.

I Can! We Can!

- 전 세계 핵탄두 1만 5천 발이 어느 나라에 배치되어 있는지 조사하기
- 핵무기금지조약에 가입되어 있는 나라 조사하기
- 우리나라도 핵무기금지조약 비준국이 되도록 정치인에게 편지쓰기
- 핵무기금지조약 비준을 촉구하는 단체에 가입하고 활동하기

10. 정부를 감시해요

(1) 공정한 재판을 위한 제도 요구하기

 왜 관심이 필요한가요?

우리 헌법 제103조에 "법관은 헌법과 법률에 의하여 그 양심에 따라 독립하여 심판한다"고 명시되어 있습니다. 그런데 만일 법관이 선배 법관, 대통령, 대법원장처럼 높은 사람의 압력 때문에 판결을 바꾸거나 양심을 저버린다면 어떻게 될까요? 아무리 법관이어도 잘못을 했다면 수사를 받고 처벌받아야 합니다. 하지만 검찰이 수사를 하려고 해도 동료 법관이 수색영장을 기각하면서 감싼다면 지금으로서는 막을 방법이 없습니다.

 어떻게 할 수 있나요?

이와 같은 잘못을 바로잡으려면 사건 관련자를 철저히 수사해 기소할 수 있는 특검*이 설치되어야 한다는 주장이 있습니다. 현재 대법원장은 대통령이 임명합니다. 행정부의 우두머리가 사법부의 우두머리인 대법원장을 임명하는 모양새입니다. 입법부의 우두머리인 국회의장은 국회의원들이 선거를 통해 뽑으니 대통령의 눈치를 볼 일이 없지만,

* 현재의 검사에 의한 특별검사제도. 수사 자체의 공정성을 기대할 수 없거나 수사가 공정하게 이루어졌다고 볼 수 없을 때 도입하는 제도로, 수사 대상과 범위에 제한이 없습니다.

대법원장은 대통령의 눈치를 볼 수밖에 없겠지요. 대통령이 좋아하는 판결이 나오도록 부하 판사에게 영향력을 행사해 공정한 재판을 막는다면, 우리는 어떤 대응책을 세워야 할까요?

I Can! We Can!

- 다른 국가의 사법부 대법원장 선출 방식 알아보기
- 동아리 만들어 공정한 재판을 위해 보완해야 할 제도 연구하기
- 공정한 재판을 요구하는 글 써서 언론에 기고하기
- 사법부 개혁을 요구하는 시민단체 방문하여 면담하기

(2) 정보공개 제도를 이용한 정보공개 청구하기

 왜 관심이 필요한가요?

정부가 하는 일이 궁금하거나 이상하다고 생각한 일이 있었나요? 혹은 알고 싶은 내용은 없었나요? 스웨덴에서는 정부의 일에 대한 정보공개를 청구하는 법을 초등학교에서 가르칩니다. 심지어 교장 선생님의 3년 치 업무 메일을 학생이 보고 싶다고 청구한 일이 있었는데, 교장 선생님은 그 까닭을 묻지도 않고 공개했다고 하네요.

정보공개는 시민의 권리와 이익을 보호하기 위해 필요합니다. 현대 사회의 시민은 경제, 환경, 교통, 도시 문제 등 갖가지 복잡한 문제에 시달리고 있지요. 관련 정보를 수시로 획득하고 공공 기관에 해명과 대책을 요구할 수 있어야 합니다.

정부의 정보공개는 시민의 알 권리 충족과 정치 참여를 위해서도 필요합니다. 내가 낸 세금으로 운영되는 정부의 일이 내 생각과 다르게 진행되거나 비밀리에 이루어진다는 느낌이 들면 화가 날 것입니다. 정부의 입장에서도 정보를 제때 공개해야 시민으로부터 신뢰를 얻을 수 있겠지요. 시민이 국정 운영 과정과 내용에 관해 잘 알고 있어야 올바른 정치적 의사를 형성할 수 있으며, 선거권도 빠짐없이 행사하고 정치 참여도 적극적으로 할 수 있겠지요.

우리가 사회참여를 할 때 필요한 정보를 얻기 위해서도 정보공개 청구 제도가 꼭 필요합니다.

 어떻게 할 수 있나요?

대한민국의 모든 국민(법인, 단체 포함)은 정보공개를 청구할 수 있습니다. 공개를 청구할 수 있는 정보의 대상은 공공 기관이 직무상 작성 또는 취득해 관리하고 있는 문서(전자 문서를 포함)·도면·사진·필름·테이프·슬라이드 및 그 밖에 이에 준하는 매체 등에 기록된 정보 등입니다. 쉽게 말해서 공공 기관이 직무로서 행하는 일에 대한 내용은 대부분 공개하도록 정해졌습니다. 대부분의 공공 기관 홈페이지를 방문하면 정보공개 신청을 어떻게 하는지 아주 친절하게 설명하고 있습니다. 단 개인의 사생활에 대한 정보나 국가의 기밀에 대한 사항은 공개되기 어렵겠지요. 바쁜 공무원이 정보공개 청구를 달가워할 리 없지만, 내가 꼭 알고 싶은 정보는 청구해서 볼 수 있어야 나라의 주인(주권자)입니다.

I Can! We Can!

- 정부의 일 중 알고 싶은 내용 정리하기
- 정보공개 신청 방법 알아보기
- 정보를 얻어서 어떤 일에 사용할 것인지 정하기
- 정보공개 신청으로 얻은 정보를 바탕으로 지역 신문이나 대안 언론에 기사 쓰기

[3] 우리 지역 국회의원과 지방의원을 감시하고 격려하기

 왜 관심이 필요한가요?

선거 때가 되면 정치인들은 우리의 삶을 더 낫게 만들겠다고 약속하고 주어진 임무도 성실하게 이행하겠다고 다짐합니다. 유권자도 어떤 사람을 뽑는 것이 좋을지 고민을 많이 하지요. 그런데 막상 선거철이 지나고 나면 일상생활에 바빠 그들이 약속을 잘 지키고 있는지 확인하지 못합니다. 유권자 스스로 조금만 관심을 갖고 인터넷에서 검색해 보면 국회의원과 지방의원이 어떤 발언을 했는지 어떤 법안을 발의했는지 어떤 법안에 찬성 혹은 반대표를 던졌는지 출석은 잘하고 있는지 등 거의 실시간으로 감시할 수 있습니다.

정치인은 시민의 관심을 먹고 산다고 합니다. 잘못은 지적하고 잘한 일은 칭찬한다면 그들도 더 열심히 시민을 위해 의정 활동을 하지 않을까요?

어떻게 할 수 있나요?

대한민국 국회
(http://www.assembly.
go.kr)

우선 우리 동네 국회의원이 누구이며 어느 정당 소속이고, 어떤 상임위원회 소속인지 대한민국 국회 홈페이지에서 확인합니다. 상단의 '의원활동' 메뉴를 클릭한 뒤, '국회의원현황' 메뉴를 누르면 됩니다. 지방의회 홈페이지는 구조가 조금씩 다를 수 있지만 비슷합니다. 여기서는 국회를 중심으로 설명합니다.

첫째, 입법부는 법을 만드는 곳입니다. 우리 동네 국회의원이 선거 때 공약한 바를 제대로 실천하고 있는지 알아보려면 어떤 법안을 발의했는지부터 살펴봅니다.

둘째, 어떤 법안을 발의했는지와 함께 어떤 법안에 찬성 혹은 반대표를 던졌는지 살펴보는 것도 의정 활동을 감시할 수 있는 방법입니다.

열려라 국회
(http://watch.people
power21.org)

셋째, 국회의원의 의정 활동을 출석만으로 평가할 순 없지만, 출석률을 통해 의정 활동을 얼마나 성실하게 수행하고 있는지 엿볼 수 있습니다. 참여연대라는 시민단체가 운영하는 '열려라국회' 사이트에서 의원별 본회의와 상임위 출석률을 확인할 수 있습니다.

넷째, 공직을 맡고 나서 재산이 불었다면 재산 형성 과정을 자세히 살펴볼 필요가 있습니다. 국회의원의 재산은 국회공보에서 확인할 수 있는데, 국회 홈페이지에 공개된 정보는 재산의 변화를 살펴보기는 불편합니다. 뉴스타파에서 제공하고 있는 고위 공직자 재산 정보 공개 사이트에서 국회의원 이름만 입력하면, 최초 공개한 재산부터 최근까지 재산 변동 내역을 한눈에 확인할 수 있답니다.

고위 공직자 재산 정보
(http://jaesan.newstapa.
org)

평범한 시민도 이제 SNS나 블로그, 유튜브 방송 등을 통해 기성 언론 못지않은 전파력을 갖춘 시대가 되었습니다. 시민들이 자기 지역 정치인들의 활동을 365일 실시간 감시한다면, 선거 때뿐만 아니라 선거 후에도 정치인은 시민을 주인 대접하게 되고, 형식적 민주주의가 아닌 실질적 민주주의에 조금 더 다가설 수 있지 않을까요. 잘한 일이 있으면 칭찬의 글을 SNS에 남기거나 직접 손편지를 써서 의원실에 보내면 그들도 무척 뿌듯함을 느낄 것입니다.

> ### I Can! We Can!
>
> - 국회의원, 지방의원의 발의 법안, 발언록, 법안에 대한 찬반, 출석률, 재산 상황 살펴보기
> - 의정 활동 감시 동아리 만들어 활동하기
> - 부족한 점의 개선을 요구하는 편지 보내기(의원 SNS에 올리기)
> - 잘한 점을 칭찬하는 편지 보내기(의원 SNS에 올리기)

사 회 참 여
활 동 안 내

우리의 관심과 참여를 기다리는 주제를 살펴보고 '어서 빨리 사회참여 활동을 시작해야겠다!'는 생각이 들었나요? 하지만 사회참여 활동은 뜨거운 심장과 차가운 이성이 적절하게 조화를 이루어야 하는 일입니다. 시작할 때의 의욕적인 모습과 달리, 중간 즈음이 되면 열정이 시들해지고 작은 일도 어렵게 느껴져 좌절하는 경우도 있습니다.

용두사미를 막으려면 먼저, 다음에 나오는 사회참여 활동 안내를 잘 읽고 계획을 꼼꼼하게 세우는 것이 좋습니다. 계획서를 쓰는 것은 건물의 뼈대를 세우는 것입니다. 기초 공사가 튼튼해야 건물이 무너지지 않겠죠?

각 단계별 주의 사항을 소홀히 여기지 말고 염두에 두세요. 특히 문제를 분석할 때는 돌다리도 두들겨 보는 마음으로 여러 각도에서 생각해 보는 것이 좋아요. 이렇게 한 뒤에는 문제 해결 활동을 할 때 그동안 아껴 두었던 의욕을 마음껏 펼쳐 주세요.

혼자 하지 말고, 다양한 성격을 가진 친구들과 협력하면 더 신나게 활동할 수 있어요. 꼼꼼한 친구, 대범한 친구, 홍보 문구를 잘 만드는 친구, 친화력 있는 친구가 머리를 맞대고 서로의 의견에 귀를 기울이면 아주 쉽게 해낼 수 있을 거예요. 무엇보다, 일이 잘 풀리지 않거나 모르는 것이 생기면 주위의 선생님이나 어른들에게 꼭 물어보도록 하세요.

1. 사회참여 계획서 작성하기

우리는 중요한 일이나 즐거운 일을 앞두고 있을 때 계획을 세웁니다. 친구의 생일은 어떤 방법으로 축하해 줄지, 시험 전에 공부는 어떤 순서로 할지, 여행을 가서는 무엇을 먹고 어떤 경로로 이동할지 등을 말이지요. 계획을 세워야 진행 과정을 점검하면서 중요한 일을 잘 마무리할 수 있고 즐거운 일도 더욱 즐길 수 있기 때문이겠지요.

사회참여 활동도 마찬가지입니다. 미리 계획을 잘 세우면 실천 과정에서 생기는 어려움을 줄일 수 있습니다. 특히 여럿이 함께하는 일이고 장기적으로 진행되는 경우가 많기 때문에 함께 의논한 내용을 계획서로 잘 정리해 두면 의사소통에도 무척 도움이 됩니다.

사회참여 활동은 다음과 같은 순서로 진행됩니다.

이 순서에 따라 각 단계에서 여러분이 해야 할 일을 계획서에 써 봅시다.

계획서를 잘 작성하기 위해서는 함께하는 사람들끼리 의견을 활발하게 제시하고 또 서로의 의견을 잘 들어주어야 합니다. 계획서를 작성하기 전에 확인이 필요한 부분은 정보를 검색해 보거나 직접 찾아가서 취재해 보는 것도 좋습니다.

'시작이 반이다'라는 말처럼, 계획서를 작성하면 사회참여 활동의 절반을 한 것이나 다름이 없습니다. 계획을 세운 다음 알맞게 되었는지 주변의 선생님이나 어른에게 자문을 받아 본다면 금상첨화일 것입니다.

사회참여 계획서

(모둠명:　　　　　　　　　　　　　　　　　　　　　)

학년	반	번호	이름
		번호	이름
		번호	이름
		번호	이름

담당교사 :　　　　　　(인)*

＊유의사항 : 계획서의 주제와 방법에 대해 담당 교사의 허락(도장)을 받은 후 활동을 시작하세요.

1. 우리 모둠이 해결하고자 하는 사회문제와 그 이유

2. 문제 분석

1) 이 문제의 존재 여부와 심각성 여부를 확인하기 위해 필요한 활동은 무엇일까?
　(예: 인터넷 자료 찾기, 현장조사하기, 관련자 면담하기 등)

2) 이 문제의 원인은 무엇일까? 예측해 보자.

3) 이 문제가 여태껏 해결되지 않은 까닭은 무엇일까? 예측해 보자.

4) 2)번과 3)번의 예측이 맞는지 확인하기 위해 필요한 활동은 무엇일까?

3. 우리 모둠이 이 활동을 통해 얻고자 하는 결과나 효과

4. 이 문제의 해결을 위해 우리가 실천하고자 하는 활동

①
②
③

5. 활동 상세 계획 (누가, 언제, 어디서, 무엇을 할지)

①
②
③

사회참여 계획서 작성법 상세 안내

> **1. 우리 모둠이 해결하고자 하는 사회문제와 그 이유**

이 부분에는 우리 모둠이 선택한 사회참여 활동의 주제를 적습니다. 어떤 문제를 해결하고 싶은지 드러나도록 말이죠. 가정, 학교, 지역사회에서 겪은 불편하고 불쾌한 일이나 사회 정의에 비추어 보아 고쳐야 한다고 생각하는 문제라면 무엇이라도 좋습니다.

유의할 점

① '이 문제가 실제로 있는가? 지속적·반복적으로 발생하는 문제인가?'를 먼저 확인해 보아야 합니다. 예를 들어 등굣길에 학교 앞 공원에 쓰레기가 많은 것을 보고 이 문제를 해결해야겠다고 생각했는데 하굣길에 보니 깨끗하게 청소되어 있는 경우가 있을 수 있습니다.

② 대부분의 사람이 심각성을 공감할 만한 문제인지 생각해 보는 것이 좋습니다.

③ 혼자 할 수 있는 일이 아닌 여럿이 함께 나설 때 더 효과적으로 해결할 수 있는 문제로 선택하는 것이 좋습니다.

> **2. 문제 분석**
>
> 1) 이 문제의 존재 여부와 심각성 여부를 확인하기 위해 필요한 활동은 무엇일까? (예: 인터넷 자료 찾기, 현장조사하기, 관련자 면담하기 등)
>
> 2) 이 문제의 원인은 무엇일까? 예측해 보자.
>
> 3) 이 문제가 여태껏 해결되지 않은 까닭은 무엇일까? 예측해 보자.
>
> 4) 2)번과 3)번의 예측이 맞는지 확인하기 위해 필요한 활동은 무엇일까?

1) 이 문제의 존재 여부와 심각성 여부를 확인하기 위해 필요한 활동은 무엇일
   까?

이 부분에는 우리 모둠이 선택한 문제의 심각성을 어떻게 조사해 볼지
생각해서 적습니다. 예를 들어 '정지선을 지키지 않는 운전자 때문에
발생하는 교통사고'의 심각성을 알아보는 방법으로는 어떠한 것이 있
을까요? 횡단보도 앞에서 직접 지켜보며 세어 보는 방법(현장조사)도
있고, 경찰서 교통과에 찾아가 정지선을 지키지 않아 사고가 난 적이
있는지 알아보는 방법(인터뷰 조사)도 있습니다. 이 경우 '얼마나 심
각한지' 알아보기 위해서는 비교 대상이 있어야 한다는 점도 잊어서는
안 되겠지요. 우리 지역과 다른 지역, 혹은 우리나라와 다른 나라를 비
교해 보세요.

우리는 자동차 운전자가 정지선을 얼마나 잘 지키는지 알아보기 위해 육교 위에
서 직접 조사해 봤어.

2) 이 문제의 원인은 무엇일까? 예측해 보자.

이 부분에는 문제의 원인을 예측하여 작성해 봅니다.

사회문제의 원인은 여러 가지가 복합적으로 얽혀 있어 어느 한두 가지로 특정하기 어려운 경우가 많습니다. 보는 관점에 따라 원인을 다르게 판단할 수도 있겠지요? 또 원인을 무엇으로 보느냐에 따라 문제의 해결 방법도 달라지므로 원인을 예측할 때는 '다른 사람들도 우리가 제시한 원인을 인정할까? 다른 사람들을 납득시키려면 어떤 근거를 제시해야 할까?'라고 생각해 보세요.

항상 그런 것은 아니지만 사회문제의 원인을 분석해 보면 제도의 문제와 관습·의식의 문제로 나뉘는 경우도 있습니다. 제도가 없거나, 혹은 제도의 일부가 잘못 만들어져 문제가 생기는 것이지요. 또는 제도는 알맞게 되어 있지만 사람들이 잘 지키지 않거나 문제의 심각성을 잘 몰라서 문제일 때도 있답니다.

우리는 자동차 운전자가 정지선을 잘 지키지 않은 까닭은 무엇일까 생각해 보았어. 차량은 많은데 도로 폭이나 신호가 너무 짧아서 그럴 수도 있고, 정지선을 지키지 않아도 처벌이 약해서일 수도 있고…… 아 참! 보행자가 우선이라는 안전 의식이 부족해서일 수도 있겠다!

3) 이 문제가 여태껏 해결되지 않은 까닭은 무엇일까? 예측해 보자.

이 부분에는 문제가 여태껏 해결되지 않은 까닭을 생각하여 작성해 보세요. 다른 사람들도 이 문제를 해결해야 한다고 생각하나요? 그동안 이 문제를 해결하기 위해 노력해 온 사람들이 있나요? 해결하기 위해 어떤 방법을 사용했나요? 이 문제와 관련하여 현재 시행되고 있는 제도나 법률에는 무엇이 있나요? 이 문제가 지속되어야 이익을 보는 사람이나 집단이 있나요? 혹시 그동안의 노력에도 불구하고 문제가 해결되지 않은 까닭이 기존의 해결 방법이 갖고 있는 한계 때문은 아닌가요?

도로교통법 27조에 운전자는 보행자를 보호하기 위해 정지선을 지켜야 한다고 나와 있어. 그리고 지키지 않으면 범칙금 6만 원, 벌점 10점의 처분을 받아야 한대. 그렇지만 경찰이 단속하지 않으면 정지선을 지키지 않아도 처벌을 받지 않아.

4) 2)번과 3)번의 예측이 맞는지 확인하기 위해 필요한 활동은 무엇일까?

이 부분에는 문제의 원인이 무엇이고 문제가 아직 해결되지 않은 까닭을 알아보기 위해 '어떤 방법으로 조사해 보아야 할지'를 생각해서 작성합니다.

가장 손쉬운 방법은 인터넷에 접속해서 비슷한 문제가 다른 곳에서 발생한 적이 있는지, 어떻게 해결했는지, 다른 사람들이 생각하는 문제의 원인은 무엇인지 등을 검색해 보는 것입니다. 그러나 때로는 여러분이 찾고자 하는 것이 검색되지 않을 수도 있습니다. 부정확하거나 오래된 정보일 때도 있지요. 그럴 때는 다음과 같은 방법을 시도해 보면 어떨까요?

첫째, 이 주제와 관련 있는 시민단체를 찾아 도움을 요청합니다.

둘째, 이 문제와 관련 있는 관공서를 찾아 담당 공무원과 면담해 봅니다.

셋째, 그 분야의 전문가나 학자를 면담하거나 이메일을 보내거나 전화를 걸어 물어봅니다.

---

3. 우리 모둠이 이 활동을 통해 얻고자 하는 결과나 효과

이 부분에는 사회참여 활동을 통해 여러분이 얻고자 하는 결과나 효과를 예측하여 적습니다. 무엇을 얼마만큼 해결할 것이지 손에 잡히는 목표를 설정해도 좋고, 원대하고 과감한 목표를 설정해도 좋습니다.

사회참여에서 가장 중요한 점은 청소년 여러분이 사회 변화의 주인공이 될 수 있다는 것입니다. 지금 당장 완전하게 해결하지 못하더라도 여러분이 사회문제에 관심을 갖고 한 걸음 떼는 것만으로도 세상은 영향을 받고 달라집니다. 그리고 더 나은 세상을 향한 여러분의 열정을 본 주변의 선생님과 어른들도 각성할 것입니다.

---

4. 이 문제의 해결을 위해 우리가 실천하고자 하는 활동

---

5. 활동 상세 계획 (누가, 언제, 어디서, 무엇을 할지)

이 부분에는 문제의 해결을 위해 우리가 실천할 활동을 생각하여 적습니다. 문제의 '해결 방안'은 '원인 분석'과 짝을 이루게 마련이므로 앞선 단계에서 충분히 조사하고 의견을 교환했다면 해결 방법 역시 자연스럽게 도출될 것입니다.

아주 훌륭한 방법이 아니더라도 여러분의 입장에서 대책을 찾아보고 실천하는 것이 중요합니다. 다만 우리가 선택한 해결 방안 때문에 또 다른 문제가 일어날 우려는 없는지 점검해 볼 필요가 있습니다.

유의할 점

① 달라져야 할 제도나 관습·인식 등에 대해 생각해 보고 해결에 도움을 줄 수 있는 의사
결정권자(담당 공무원, 기관장 등), 전문가, 시민단체 활동가 등을 만나보는 것이 좋습
니다. 또한 수시로 조언을 구할 수 있는 조력자(선생님이나 주변 어른)를 정해 두세요.

② 우리가 선택한 해결 방안이 적합한지, 우리가 선택한 방안을 반대하는 사람은 어떻게
설득할 것인지 생각해 보세요.

③ 모둠원 사이에 일정을 잘 조율하고 역할 분담을 현명하게 하세요. 모둠이 활동하거나
회의하는 장소가 안전한지 여부를 확인하세요.

우리 모둠의 활동 목표는 '길고양이가 안심하고 살 수 있는 환경 조성하기'야. 처음
에는 우리 시에 길고양이 배식소가 부족한 것이 원인이라고 생각했어. 그래서 시
의회에 길고양이를 위한 예산을 늘려달라고 요구하자는 해결 방법을 생각해 냈
지. 현재 관련 예산이 어느 정도인지 알아야 할 것 같아서 시청의 동물보호과에
전화를 걸어 여쭈어 보았어. 그랬더니 글쎄, 예산은 충분히 있지만 기존 길고양
이 배식소 인근에 사는 주민 중 일부가 '우리 동네에 길고양이가 몰려드는 것을 원
치 않으니 배식소를 철거해 달라'는 민원을 내는 경우가 많대. 기존 급식소도 철거
될 위기니 새로운 길고양이 배식소를 설치할 만한 장소를 찾는 것도 어렵다고 하
셨지.

우리는 문제의 원인을 잘못 예측한 것을 깨닫고 해결 방법도 바꾸기로 했어. 너는
이 문제의 원인이 뭐라고 생각해? 어떻게 해결하면 좋을 것 같아?

자, 이제 계획서를 모두 작성했나요? 본격적인 활동을 시작하기 전에
다음 사항을 다시 한 번 점검해 보세요.

— 여러분이 선택한 주제를 다른 사람들도 바람직한 일이라고 생각하
  나요?

— 여러분의 활동은 다른 사람들에게도 이익이 되는 일인가요?

— 모둠은 알맞게 구성되었고 역할 분담도 적절하게 되었나요?

— 모둠원이 활동 주제와 목표에 대해 동의했나요?

— 계획서를 선생님이나 주위 어른들에게 보여 드리고 자문을 받았나
  요?

— 청소년이 접근하기에 부적절하거나 위험한 활동 장소가 있지는 않
  나요?

— 계획서에 현실성이 있나요? 너무 어렵거나 너무 간단하지는 않나
  요?

— 법이나 규정 등에 의해 금지된 사항을 계획하지는 않았나요?

— 면담을 계획했다면 상대방에게 취지를 충분히 설명했나요? 적절
  한 날짜, 시간, 장소를 약속했나요?

— 누구에게든 여러분의 활동 이유와 방법을 논리적으로 설명할 준비
  가 되어 있나요?

— 활동할 때 촬영 등 기록을 남길 준비가 되어 있나요?

2. 문제에 대해 분석하기

사참이네 조는 사회참여 활동 계획서의 1번과 2번을 다음과 같이 작성했습니다.

---

1. 우리 모둠이 해결하고자 하는 사회문제와 그 이유

차량들이 정지선을 지키지 않는 모습을 평소에 자주 목격했다. 이로 인해 보행자의 안전이 위협받고 있다고 생각한다.

---

2. 문제 분석

1) 이 문제의 존재 여부와 심각성 여부를 확인하기 위해 필요한 활동은 무엇일까? (예: 인터넷 자료 찾기, 현장조사하기, 관련자 면담하기 등)

교통 경찰관과 면담하여 우리 지역에서 정지선을 지키지 않아 사고가 난 사례, 우리 지역의 정지선 위반이 다른 지역과 비교하여 어느 정도 심각한지 등에 대해 조사한다.

2) 이 문제의 원인은 무엇일까? 예측해 보자.

보행자의 안전을 위해 정지선을 지켜야 한다는 의식이 부족해서, 그리고 정지선을 지키지 않아도 처벌이 약해서.

3) 이 문제가 여태껏 해결되지 않은 까닭은 무엇일까? 예측해 보자.

정지선 지키기에 대한 캠페인도 못 본 것 같고 대부분의 사람들이 무관심한 것 같다.

4) 2)번과 3)번의 예측이 맞는지 확인하기 위해 필요한 활동은 무엇일까?

정지선에 대한 사람들의 생각을 알아볼 수 있는 설문조사를 한다. 정지선을 지키지 않을 경우 어떤 처벌을 받게 되는지 관련 법률을 인터넷으로 조사한다. 정지선 지키기와 관련된 어떤 캠페인이 있었는지 인터넷으로 조사한다.

우리가 해결하고자 하는 문제에 대해 자세히 알아보고 속속들이 분석하기 위해 2번의 1)과 4)에서 계획한 활동을 실제로 해 보세요. 문제를 분석할 때 사용할 수 있는 방법에는 다음과 같은 것이 있습니다.

(1) 인터넷으로 정보 찾기

국가법령정보센터
(www.law.go.kr)

인터넷에서 정보를 찾는 것은 무척 간편한 방법처럼 보이지만 믿을 만한 정보인지도 함께 따져 보아야 하기 때문에 주의가 필요합니다. 개인 블로그나 카페 글에 의존하기보다는 공신력 있는 언론 기관의 신문 기사를 찾아보는 것이 좋겠지요.

관련 법에 대해 알아보고 싶을 때는 국가법령정보센터에서 검색하세요. 나라 전체와 관련한 것은 '법률'을 찾아보면 되고, 우리 지역에만 해당하는 것은 '조례'를 찾아보면 됩니다.

(2) 현장조사 하기

문제가 되는 장소에 가서 직접 살펴보는 방법입니다. 인터넷 지도나 종이 지도를 활용하여 우리가 조사한 장소의 위치와 문제 상황, 날짜와 시간 등을 표시해 두세요. 문젯거리를 발견할 때마다 사진을 찍거나 동영상 촬영을 해 두면 좋겠지요?

현장조사를 시행하는 장소가 공공장소라면 다른 사람들이 불편함을 느끼지 않도록 행동하고, 사유지나 상업 시설을 조사한다면 주인이나 대표자에게 미리 허락을 받아야 함을 잊지 마세요.

(3) 설문조사 하기

여러분은 여론조사 전문 기관에서 실시한 설문조사 결과를 언론을 통해 본 적이 있을 것입니다. 설문조사란 사회 현상을 분석하거나 특정 사안에 대한 사람들의 의견이나 인식을 알아보기 위해 미리 만들어 둔 질문지나 면접을 활용하여 답변을 받고 이를 분석하는 조사 활동을 말해요. 과거에는 종이에 인쇄된 설문지를 주로 사용했지만 최근에는 정보통신 기술 발전으로 전화나 온라인 설문조사를 더 많이 하고 있답니다.

설문조사 때 조사 대상 전체(모집단)를 조사하는 것은 비용과 시간 관계상 거의 불가능하기 때문에 일부 집단(표본 집단)의 응답이 전체 집단을 대표한다고 가정해요. 그래서 공신력이 있는 전문 기관은 최소 천 명 이상을 표본으로 하여 조사를 실시하고 질문지 작성과 조사 과정에서도 최대한 공정을 기하려고 노력합니다. 심지어 선거와 관련한 여론조사의 경우에는 특정 후보나 정당에게 유리한 방법으로 이루어진 것은 아닌지 선거관리위원회의 심의를 받기도 해요.

청소년 여러분이 전문 기관처럼 신뢰도 높은 설문조사를 하는 것은 매우 어려운 일이에요. 그러나 진지하게 조사를 수행하고 그 과정을 정직하게 밝히면 다른 사람을 설득하고 이해시키는 사회참여 활동의 근거로는 손색이 없을 것입니다. 여러분이 실시한 설문조사 활동의 신뢰성을 높이려면 다음과 같은 점을 유의하세요.

첫째, 설문조사에 응답하는 사람들은 대개 어떤 대가도 바라지 않고 시간을 내어 여러분에게 도움을 줍니다. 정중한 마음으로 예의를 갖추어 설문조사지를 마련해야겠지요?

설문조사지의 앞머리에 '조사 활동을 하는 사람들은 누구이며 왜 이러한 조사를 하는지'를 밝히는 것이 좋습니다. 자신이 누구인지, 의도는 무엇인지 숨긴 채 상대방에게만 생각이나 의견을 밝히라고 요구하면 기분 좋을 사람은 아마 없을 거예요. 그리고 답변 결과를 조사 목적 외에 다른 용도로 사용하지 않겠다는 '비밀 엄수'의 약속도 하는 것이 좋습니다.

예를 들어 다음과 같은 인사말을 앞머리에 넣는다면 적절할 것입니다.

"안녕하세요! 저희는 △△고등학교 1학년 ○반의 김○○, 박○○, 이○○입니다. 교내 화장실 환경을 개선하기 위해 다음 사항을 조사하고 있습니다. 답변하신 내용은 본 조사 외에 다른 목적으로 사용하지 않을 것을 약속드립니다."

둘째, 원하는 답변을 얻기 위해 유도하는 식의 질문을 하거나 질문을 통해 답변자를 특정 방향으로 계도하려고 해서는 안 됩니다.

예를 들어, 소 사육 증가와 지구 온난화와의 상관관계를 사람들이 얼마나 알고 있는지 인식 조사를 하고자 할 때, "소고기 섭취가 지구온난화의 원인인 것을 알고 계십니까?"라고 질문하기보다는 "지구온난화의 원인이라고 생각하는 것에 표시해 주세요(중복 응답 가능)"라고 제시하고 선택지 중에 '소고기 섭취'를 포함시키는 것이 좋겠지요.

셋째, 답변하는 사람이 명료하게 이해할 수 있도록 질문해야 합니다.

예를 들어, "게임 연령 제한에 찬성하십니까?"라고 물었을 때, 게임 연령 제한이 무엇인지 모르는 사람은 제대로 답할 수 없을 거예요. "오버○○은 15세 이상, 배틀○○은 18세 이상 등으로, 게임별로 이용자 연령 제한이 있습니다. 이 제도에 찬성하십니까?"라고 바꾸어 물으면 한결 이해하기가 쉽겠네요.

넷째, 몇 명을 대상으로 조사할지, 조사 대상은 어디에서 찾을지 미리 계획을 세워 둡니다. 지나치게 많은 사람을 대상으로 조사해도 결과를 분석할 때 힘들어집니다. 연습 삼아 100~200명 정도 선에서 해 보는 것도 괜찮아요. 단, 조사의 목적에 부합하는 사람들을 대상으로 조사하세요.

예를 들어, '우리 지역의 쓰레기 무단 투기 문제'에 대한 주민의 의견을 알아보려 한다면 우리 지역의 다양한 연령대의 사람들을 대상으로 조사를 해야겠지요. 편하게 조사하려고 우리 학교 학생과 선생님만을 대상으로 한다면 공정한 결과를 얻을 수 없을 것입니다.

다섯째, 설문조사는 어느 쪽이 이겼는지 졌는지 알아보기 위한 활동이 아닙니다. 우리 팀이 길고양이 급식소 설치를 계획 중인데 설문조사를 해 보았더니 급식소 설치에 찬성하는 의견이 70%, 반대하는 의견이 30%가 나왔다고 가정해 봅시다. 이때 '우리가 원하는 결과가 나왔다'고 기뻐하기보다는 반대하는 30%의 사람들이 왜 반대하는지 심층적으로 조사하고 의견을 경청해 보아야 해요. 그래야만 반대 의견을 가진 사람도 인정할 수 있는 더 나은 대안을 마련할 수 있습니다.

여섯째, 설문조사의 결과에 따라 해결 방법도 달라질 수 있습니다. 예상했던 것과 다른 결과가 나왔을 때는 계획서를 다시 한 번 살펴보고 애초에 생각했던 해결 방법과 충돌하면 적절하게 수정하는 것이 좋습니다.

설문조사를 할 때는 다음과 같은 방법을 사용할 수 있어요.

① **종이 설문지를 이용하는 방법** : 설문 대상이 우리 학교, 동네, 지역 등 좁은 범위에 있다면 종이를 사용하여 설문조사를 하는 것이 효율적일 것입니다.

② **온라인 설문을 활용하는 방법** : 지역의 범위를 넘어 국가적 차원의 일이거나 불특정 다수를 대상으로 설문조사를 해야 한다면 구글 폼이나 네이버 폼 등을 이용해 설문지를 만들고 온라인상에서 이를 홍보해 설문을 받아도 됩니다. 온라인 설문지는 결과 분석이 빠르고 간편하다는 장점이 있습니다.

설문조사가 끝난 뒤에는 질문에 따라 결과 표현도 알맞게 해야 합니다. 전체에서 부분의 비율을 보여주는 것이 목적일 때는 원그래프로, 비교 대상이 있거나 어떤 특정한 수치를 강조할 목적이 있다면 막대 그래프로, 시간의 흐름에 따른 변화를 보여 주고 싶을 때는 꺾은선 그래프로 표현하는 것이 좋습니다.

안녕하세요? 저희는 ◇◇고등학교 1학년 5반 김○○, 박○○, 원○○, 이○○, 최○○입니다. 우리 학교의 급식 문화 발전을 위해 여러분의 의견을 조사하고 있습니다. 답변해 주신 내용은 본 조사 외에 다른 목적으로 사용하지 않을 것을 약속드립니다.

1. 우리 학교의 급식실 청결 상태에 만족하십니까?

　　① 매우 만족한다.　② 만족한다.　③ 보통이다.

　　④ 불만족스럽다.　⑤ 매우 불만족스럽다.

2. (1번 문항의 ④, ⑤에 응답한 경우만) 청결 상태가 불만족스럽다면 그 이유는 무엇입니까? (중복 응답 가능)

　　① 식판 때문에　② 식탁 때문에　③ 의자 때문에　④ 바닥 때문에

　　⑤ 기타 의견 (　　　　　　　　　　　　　　　)

3. 점심시간 중 급식실의 식탁, 의자, 바닥의 청결을 관리하고 봉사 시간을 인정받는 '학생 도우미 제도'를 운영한다면, 이에 대해 어떻게 생각하십니까?

　　① 찬성한다.　　② 반대한다.

　　③ 기타 의견 (　　　　　　　　　　　　　　　)

4. (3번 문항의 ①에 응답한 경우만) 이 제도가 생기면 도우미로 참여할 의향이 있습니까?

　　① 참여하겠다.　② 모르겠다.　③ 참여하지 않겠다.

　　④ 기타 의견 (　　　　　　　　　　　　　　　)

여기서 잠깐!

설문조사,
스티커 붙이기 방식으로 해도 될까?

질문거리가 한두 개로 단순하고, 답변도 예/아니요, 찬성/반대 등으로 명확하게 갈리는 경우, 간편하게 조사해 보기 좋은 방법이야. 그런데 주의할 점도 많아.

첫째, 질문이 중립적인지 생각해 보아야 해. 특정 의견이나 생각으로 몰리도록 의도한 질문은 좋지 않아. 그렇게 하면 설문조사 하는 의미가 없어져.

둘째, 질문이 너무 길거나 복잡하면 안 돼. 단순 명료할수록 좋아. 또, 특정인만 아는 단어가 들어 있으면 안 되니 누구나 알 수 있는 말로 바꾸어야 해.

셋째, 만들어 둔 설문조사판을 아무 곳에나 방치해 두면 안 돼. 왜냐하면 한 사람이 여러 번 스티커를 붙여 버리면 곤란하니까.

넷째, 실시할 장소도 잘 선정해야 해. 학교와 관련된 문제를 조사하는 것이라면 교내에서 해도 무방하지만 지역과 관련된 문제라면 지역의 여러 사람들이 참여할 수 있게 밖에 나가서 조사해야겠지? 유동 인구가 많은 곳에서 두세 시간 정도 집중적으로 하면 충분할 거야. 다만, 같은 사람이 여러 번 참여하지 않도록 해.

다섯째, 설문 참여자가 최소 몇 명 이상이 될 때까지 조사하겠다는 목표가 있어야 해. 너무 적은 사람이 참여한 설문조사는 의미가 없다는 것 알지?

여섯째, 조사에 참여하는 사람에게 조사 이유와 취지를 정중히 설명해야 해. 특정 의견으로 몰아가거나 소수 의견을 선택했다고 비난해서도 안 돼. 우리가 처음 예상

했던 대로 결과가 나오지 않는다고 해서 결과를 왜곡하려고 하거나 부정하지 말고 최대한 공정한 조사가 되도록 해야 해.

아, 그리고 하나 더! 스티커 설문조사는 설문조사로서의 신뢰도가 많이 떨어지기 때문에 이 조사 결과를 중요한 결정의 근거로 사용하는 것은 옳지 않아. 다만, 사람들에게 스티커를 직접 붙이게 함으로써 그 문제에 대해 생각해 볼 수 있는 기회를 제공한다는 장점이 있지. 특정 사안에 대해 사람들의 관심을 불러일으키는 캠페인 활동의 일환으로 이 방법을 사용하는 편이 더 바람직해.

[4] 면담하기

인터넷을 아무리 검색해 봐도 내가 원하는 정보를 발견하기 어려운 경우가 있습니다. 내가 사는 지역에 대한 정보는 특히 그렇지요. 그렇다면 현장에 직접 가 보거나 일반 시민을 대상으로 설문조사를 하면 될까요? 일반적인 의식 조사가 아니라 전문적인 식견이나 경험이 있어야만 답할 수 있는 문제라면 그런 방법이 적절하지 않을 수 있습니다. 그럴 때 그 문제를 가장 잘 아는 관공서의 담당 공무원, 전문가, 학자, 시민단체 활동가 등에게 면담을 요청하면 좋습니다. '면담'은 얼굴을 마주하고 이야기하는 것을 뜻하며, 질문을 통해서 궁금한 점에 대한 답을 쉽고 빠르게 알 수 있다는 장점이 있습니다.

예를 들면, 우리 학교 정문 앞에 신호등을 설치해도 문제가 없는지 복잡한 도로교통법과 시 조례를 살펴보았지만 무슨 말인지 도통 알 수 없을 때, 시의 도로과에 전화해서 담당 공무원에게 궁금한 점을 묻거나 면담을 요청할 수 있을 것입니다. 면담 시에는 다음과 같은 사항을 주의하세요.

첫째, 전화나 이메일로 정중하게 자신이 누구인지, 면담이 필요한 이유는 무엇인지 등을 설명하고 미리 약속을 정해야 합니다. 날짜와 시간, 장소 등을 정한 후 약속한 시간에 늦지 않게 가야겠죠? 면담 장소는 상대방의 편의를 위해 답변을 해 줄 사람이 속해 있는 기관으로 정하는 것이 좋겠네요.

둘째, 면담을 실시하기 전, 면담에 응해 준 사람에 대한 기본적인 정보(이름, 전화번호, 소속 기관 및 지위 등)를 먼저 확인하고 기록해 두세요. 면담은 사람이 곧 출처입니다. 누구인지도 모르는 사람과 면담을 했다면 그 내용과 결과도 신뢰할 수 없겠지요? 또한 면담하려는 사람이 해당 문제에 대해 가장 정확한 답변을 해 줄 수 있는 사람인지도 다시 한 번 확인하세요.

셋째, 미리 질문거리를 정리하여 준비해 가야 합니다. 질문은 되도록 간결하되 이해하기 쉽게 해야 합니다. 물론 답변을 듣다가 미처 생각하지 못했던 궁금한 점이 생기면 즉각 추가 질문을 할 수도 있어요. 종이에 답변을 받아 적는다면 마음이 급해질 수 있으니 상대방에게 동의를 구하고 카메라나 녹음기 등을 이용하여 기록해 두는 것도 좋습니다.

면담 질문지 제작 사례

안녕하세요? 저희는 ◇◇중학교 3학년 김○○, 박○○, 원○○, 이○

○, 최○○입니다. △△동 □□공원의 시설에 대해 궁금한 점이 있어 면담을 요청하게 되었습니다.

1. 면담을 시작하기에 앞서 답변해 주시는 분의 소속, 직위, 성함, 직장 연락처를 여쭈어 보아도 될까요?
2. △△동 □□공원의 철제 구조물은 언제부터 설치되었나요?
3. 이 구조물은 어떤 용도로 설치된 것인가요?
4. 이 구조물로 인하여 안전사고가 발생한 적이 있나요?

3. 문제 해결을 위해 노력하기

사회문제를 해결하는 방법은 무척 다양합니다. 같은 문제라 하더라도 문제의 원인을 무엇으로 판단했는가에 따라 해결 방법이 달라질 수도 있습니다. 어떤 경우에는 문제가 너무나 커서 우리만의 노력으로 해결하기 어려워 보일 수 있어요. 그러나 작은 톱니와 같은 노력이 쌓이고 힘을 보태다 보면 어느 순간 세상을 바꾸는 거대한 수레바퀴가 돌아가기 시작하는 것을 볼 수 있을 것입니다.

작은 톱니가 거대한 수레바퀴를 돌렸다! 편지 한 통이 만든 기적

자신의 힘만으로는 해결되지 않는 일을 겪거나 큰 절망을 느낄 때, 사람들은 슈퍼맨이나 배트맨 혹은 스파이더맨처럼 영화에서 본 영웅이 나타나길 바랍니다. 그런데 알고 보니 그 영웅이 바로 나?!?! 세계 곳곳에 있는 억울한 일을 당한 사람, 죽음을 앞둔 사람을 바로 당신이 구할 수 있습니다. 정성 어린 편지 한 통으로 말이죠.

국제앰네스티는 매년 12월 10일 인권의 날(Human Rights Day)에 세계적인 '탄원편지 쓰기 캠페인'을 벌입니다. 관계 당국에 편지를 보내 인권 침해를 당하고 있는 사람들에게 자유와 정의를 되찾아 주려는 것이지요.

이 캠페인에 참여한 전 세계의 평범한 사람들은 기적 같은 변화를 이끌어 냈습니다. 2016년 2월, 앨버트 우드폭스는 공정하지 못한 재판을 받고 독방에 수감된 지 44년 만에 석방되었어요. 무려 24만 명이 우드폭스의 석방을 요구하며 편지를 써 보냈기 때문이죠.

❶ 앨버트 우드폭스의 그래피
티 ⓒAmnesty International
❷ 차드의 활동가 마하딘이 국
제앰네스티 회원들로부터 받
은 편지
❸ 매년 12월 10일에 국제앰
네스티에서 진행하는 탄원편
지 쓰기 캠페인

또, 50만 명이 넘는 사람들로부터 조혼과 강제 결혼 제도에 반대하는 편지를
받은 부르키나파소 정부는 '조혼과 강제 결혼을 뿌리 뽑기 위해 최선을 다할 것'
이라며, '전 세계 사람들로부터 편지와 이메일을 받고 그렇게 해야 한다는 의무
감이 들었다'고 밝히기도 했어요.
정부를 비판했다는 이유로 차드 정부에 의해 구금되었던 마하딘의 석방(2018)
등 지금도 편지 한 통의 기적은 계속되고 있답니다.*

어떤 방법으로 사회문제를 해결하면 효과적일지 고민하고 생각한 바
를 기꺼이 실천하면 우리도 누군가에게 영웅이 될 수 있습니다. 여러
분에게 도움이 될 수 있도록 몇 가지 방법을 안내해 드릴게요.

* 한국NGO신문 2016년 3월 29일
기사와 뉴스프리즌 2018년 5월
30일 기사를 재구성했습니다.

(1) 직접 실천하기

'천릿길로 한 걸음부터'라고 하지요. 문제의 해결을 위해 여러분이 직접 나설 수 있습니다. 평소 공원 청소가 잘 되지 않는다면 직접 청소해 보고, 길거리에 흩뿌려진 불법 전단지가 문제라고 생각한다면 직접 주워 보는 것입니다. 물론 여러분의 실천만으로 문제가 완전히 해결되는 것은 아니지만 '와, 이 문제는 정말 심각하구나', '더럽히는 것은 쉬워도 청소하긴 힘들구나', '불법 전단지 단속하기도 참 어렵겠구나'와 같이 문제를 새롭게 인식하고 이해하는 데 도움이 된답니다. 관청에 민원을 제기할 때도 막연히 불만을 표현하는 것과 직접 해결해 보려고 노력한 후 대안을 제시하는 것은 설득력 면에서 큰 차이가 있지요.

학교 화장실에서 친구들이 휴지로 장난을 치고 함부로 뭉쳐서 버리는 행동을 본 어떤 청소년은 침묵을 선택하는 대신 화장실 문 앞에, '지구가 준 휴지를 소중히'라는 문구와 나무를 그리워하며 눈물 흘리는 지구 그림을 직접 그려 붙였습니다. 일시적인 기분에 한 행동이지만 막상 그렇게 하고 나니 무심코 사용하던 휴지도 더 소중하게 느껴지고 환경 문제에도 관심이 생겼다고 합니다.

이처럼 사소한 일이라도 직접 해결해 보려고 나설 때 시민으로서의 책임감이 생깁니다. 미처 생각하지 못했던 아이디어가 떠오르기도 하고요. 물론 혼자 하기보다 여럿이 함께하면 더 지속적으로 활동할 수 있습니다. 여럿이 함께하다 뜻이 맞으면 시민단체를 만들 수도 있고, 시민단체를 만들기 어렵다면 기존의 시민단체와 연대할 수도 있습니다.

그러나 시민의 참여와 봉사만으로는 충분히 해결되지 않는 사회문제도 있답니다. 그럴 때는 정부 기관에 제도적인 해결을 촉구해야겠지요?

[2] 서명운동 하기

서명운동이란 어떤 주장에 대해 같은 생각을 가진 사람들이 동의의 의미로 자신의 이름을 밝히는 것을 말합니다. 서명운동 결과물 자체에는 법적인 효력이 없습니다. 그러나 여러 사람이 같은 목소리를 내고 있다는 것을 보여줄 수 있는 강력한 근거가 되지요. 민주적이고 평화적인 방법으로 시민의 힘을 보여 줄 수 있는 대표적인 방법입니다.

서명운동을 벌이면 해당 문제에 대해 미처 생각해 보지 못한 사람들의 관심도 불러일으킬 수 있습니다. 여러분이 주장하는 바를 홍보하는 효과를 거두게 되겠지요?

서명자 수가 많으면 그만큼 주장에 동의하는 사람이 많다는 뜻이고, 빠른 시일 내에 많은 수의 서명을 얻어 내면 그만큼 사회적으로 관심이 집중되는 문제라는 의미로 해석할 수 있습니다. 청와대 청원 게시판의 글을 읽고 '동의합니다'라고 적어 본 적이 있다면 여러분도 서명운동에 참여해 본 것입니다. 이제는 여러분이 요구하는 바를 직접 글로 작성하고 되도록 많은 사람들을 설득하여 서명을 받아 보면 어떨까요? 여러분이 입법기관이나 행정기관에 청원을 하기 전에 서명운동

을 하고 그 결과를 함께 제시한다면 해당 기관은 여러분의 주장에 더욱 귀를 기울일 것입니다.

① **종이에 서명을 받는 방법** : 우리 학교, 동네, 지역 등과 관련이 있는 일이라면 직접 만나 취지를 설명하고 종이에 서명을 받는 것이 효과적입니다.
② **온라인 서명운동** : 지역의 범위를 넘어 국가적 차원의 일이거나 불특정 다수를 대상으로 서명을 받아야 하는 경우라면 온라인 서명운동이 효과적입니다. 구글 폼이나 네이버 폼 등을 이용해 서명운동지를 만들고 온라인상에서 이를 홍보하여 서명을 받을 수 있습니다.

종이 양식을 만들거나 온라인상에서 양식을 만들 때 주의할 점이 있습니다. 서명운동지 첫머리에 서명운동을 진행하는 사람들이 누구인지, 왜 서명운동을 진행하게 되었는지 그 까닭을 밝히는 것은 기본입니다. 그 밑에 주장하는 바를 한 문장으로 간단명료하게 제시해 주세요. 사람들이 서명할지 말지를 결정할 때 그 문장이 큰 영향을 미칩니다. 길지 않으면서도 이해하기 쉬워야 합니다. 그 밑에는 서명 받을 수 있는 칸을 마련합니다.

　서명 칸은 보통 이름, 주소, 전화번호, 서명 순으로 해요. 특정 기관에 소속된 사람을 대상으로 한다면 이름, 소속 기관(학교명), 직위(학년-반), 서명 순으로 할 수도 있고요. 이때 개인 정보가 유출되지 않을까 걱정하는 사람들이 서명운동에 참여하는 것을 꺼릴 수도 있답니다. 다른 정보는 그대로 하되 주소만 간략하게 기재(읍, 면, 동까지만) 하도록 하는 것도 방법이에요. 그러나 다른 정보 없이 서명만 있는 것은 서명운동 결과를 신뢰할 수 없게 만들기 때문에 피하는 것이 좋습니다. 서명을 한 사람이 실제로 존재하는 인물인지, 가상의 인물인지, 중복하여 참여한 것은 아닌지, 구분할 수 있을 정도의 개인 정보 기재는 필수입니다.

·· 서명운동지 사례 ··

안녕하세요. 저희는 △△고등학교 사회참여 활동팀(오○○, 홍○○, 최○○, 문○○, 이○○)입니다. ◇◇풋살장은 체육 시설이 넉넉지 않은 우리 지역의 소중한 공공시설로 주민들의 많은 사랑을 받고 있습니다. 특히 휴일에는 새벽부터 밤늦게까지 체육 활동을 즐기기 위해 많은 사람들이 오고 갑니다. 그런데 이곳에 식수대가 없고 야간 조명도 고장나 있어 불편함도 큽니다. 풋살장 인근에는 마실 물을 살 수 있는 가게가 없으며 조명 고장으로 야간에는 안전의 문제도 생길 수 있습니다.

이에 시청에 ◇◇풋살장에 대한 식수대 설치, 야간 조명 수리 등 시설 개선을 요청하려고 합니다. 찬성하시는 분은 서명해 주세요. 감사합니다.

풋살장의 시설 개선을 희망합니다!

이름	주소(읍, 면, 동 까지만 기재)	전화번호	서명

[3] 청원, 민원, 국민제안 하기

청원, 민원, 국민제안은 모두 국민이 주체가 되어, 국가기관의 업무나 정책에 대해서 어떠하게 해 달라고 요구하거나 의견을 제출할 수 있는 제도라는 점에서 공통점이 있습니다. 차이점은 다음과 같습니다.

① 청원

청원이란 국민이 국가기관의 권한에 속하는 사항에 대하여 불만 사항을 시정하거나 피해의 구제, 법령의 개정 등을 요청하기 위해 국가기관에 서면으로 희망을 진술하는 것을 말해요. 이때 국가기관 중에서 행정기관이 아닌 '국회'와 '지방의회' 등 의결기관이 하는 일에 대해 청원을 하는 경우, 예를 들어 법률을 어떻게 바꾸어 달라거나 지역의 조례를 제정해 달라거나 하는 등의 요구를 하는 경우에는, 국회의원이나 지방의회 의원을 통해서만 청원을 제출할 수 있습니다. 따라서 법령의 제정 및 개정을 요구하고 싶다면 먼저 국회의원이나 지방의회 의원과의 면담을 요청하는 것이 좋습니다.

　의결기관이 아닌 행정기관에 대해 요구 사항이 있는 경우에는 서면으로 한다는 조건만 충족시키면 누구나 청원을 할 수 있어요. 이때의 청원은 '민원'과 거의 같아요.

② 민원

민원은 국민이 행정 업무와 관련된 사항에 대해 어떠한 요구를 하는 것으로, 행정기관의 민원실을 방문하거나 인터넷을 통하여 할 수 있습니다. 서면으로만 할 수 있는 청원과 달리 민원은 구술, 전화, 팩스 등 다양한 방법으로 제기할 수 있어요.

　사회문제의 해결을 위해 민원 제도를 활용하고자 할 때에는 "행정

기관의 위법·부당하거나 소극적인 처분 및 불합리한 행정
제도로 인해 국민의 권리를 침해하거나, 불편 또는 부담을
주는 사항의 해결을 요구하는 경우"에 해당하는지 먼저 확
인해 보아야 합니다. 행정기관의 일과 아무런 관련이 없는
사안까지 무분별하게 요구하는 것은 옳지 않으니까요. 민원
제기를 가장 손쉽게 할 수 있는 방법은 국민신문고를 이용
하는 거예요.

스마트폰 어플리케이션을 이
용한 민원 접수

　민원을 위한 글을 작성할 때는 요구하는 바를 정확하고
간결하게 쓰고, 요구 사항을 들어주어야 하는 이유도 논리적
으로 제시하는 것이 좋아요. 우리가 직접 조사한 여러 가지
사실을 근거로 제시하면 더욱 설득력이 생기겠죠?

　특정 장소와 관련된 것이라면 해당 장소의 명칭과 주소
를 정확히 쓰고 증거가 될 만한 사진도 첨부하세요. 서명 받은 용지가
있다면 스캔하거나 사진을 찍어 첨부할 수 있답니다.

　답변을 잘 받으려면 민원을 제기하는 사람의 신상 정보도 정확히
기재해야겠지요? 민원을 제기하는 사람의 신원은 철저하게 보호되므
로 안심해도 됩니다. 민원은 접수일로부터 일반적으로 7일에서 14일
이내에 처리되지만 민원의 성격이나 해당 민원을 처리하는 기관의 규
정에 따라 달라질 수 있어요.

국민신문고
(www.epeople.go.kr)

　심각한 내용이 아니라 불법 광고물, 자전거 이용 불편, 불법주정차,
도로 및 시설물 파손 등 일상적이고 간단한 내용의 생활 불편 신고라
면 스마트폰 어플리케이션을 이용할 수도 있어요.

민원 글 사례

안녕하세요? 저는 △△중학교를 다니는 1학년 학생 김○○입니다. 저는 동네 문구점에서 판매하는 어린이 화장품에 심각한 문제가 있다는 것을 알게 되었습니다. 이들 화장품 다수에 성분 표시가 없습니다. 그래서 정확히 어떤 성분이 들어 있는지 알 수 없기 때문에 혹시 입술에 바르는 틴트 제품에 적색 2호, 적색 3호, 프로필렌 글라이콜(Propylene Glycol) 같은 유해 성분이 첨가되어 있는 것은 아닌가 하는 의심이 들었습니다. 틴트는 잘못하면 삼키거나 조금씩 입 안으로 들어와 몸에 흡수될 수 있기 때문에 큰 문제라고 생각합니다. 제 동생뻘에 해당하는 어린이들이 문구점에서 손쉽게 구입하는 화장품에 대해 단속을 실시하고 유해 성분이 들어가 있는 제품이 시중에 유통되지 않도록 식품의약품안전처에서 대책을 세워 주시기를 바랍니다. 첨부파일의 사진은 저와 같은 생각을 가진 시민 분들이 서명한 용지입니다. (서명 동참자 150명)

③ 국민제안

국민제안은 정부 정책 또는 행정제도의 개선을 위해 국민이 의견을 제시하는 것을 말해요. 민원이 불편·불만 사항을 주로 알리는 것이라면 제안은 창의적이고 구체적인 대안을 제시하는 것이에요.

행정기관(중앙행정기관, 지방자치단체, 교육청)의 제도 변화는 전 국민, 전 지역의 삶에 영향을 미치는 것이므로 정부도 제안 채택엔 신중할 수밖에 없겠죠? 그래서 제안서는 되도록 객관적인 자료와 함께 현황 및 문제점, 개선 방안, 기대 효과를 논리적으로 쓰는 것이 좋아요.

국민제안은 국민신문고에 올리면 되고 한 달 정도 심사 후에 결과를 통보해 줍니다. 만약 제안이 채택되면 정부 사업과 정책, 법·제도 등이 달라지고, 우수 제안자에게는 기념품과 부상, 정부표창 등을 준대요.

우리 지역을 바꿀 수 있는 가장 확실한 방법! 주민 참여 예산 제도 활용하기

주민 참여 예산 제도란 지방자치단체의 예산 편성 과정에 주민이 직접 참여해 우선순위 결정 등에 의견을 제시하는 제도를 말합니다. 의견 제시는 공청회, 토론회, 간담회, 서면 또는 인터넷 설문조사 등의 다양한 방법을 통해 이루어집니다. 주민 참여 예산 제도에 적극적으로 참여하는 주민이 늘어나면 지방자치단체는 예산을 적재적소에 편성할 수 있어 좋고 주민은 '자치'를 실현할 수 있어서 좋습니다. 청소년도 물론 의견을 제시할 수 있지요. 2018년 수원시의 청소년들은 성평등 교육프로그램 운영, 학생 허리 교정 밴드 지원, 교실 공기청정기 설치, 공원 운동 시설 개선 등 청소년 맞춤형 사업을 시에 제안했답니다. 이 제안이 수원시 주민참여예산위원회의 심의를 통과하면 다음 해의 사업으로 확정될 것입니다.*

[4] 탄원서 보내기

'탄원'은 '어떤 사정을 하소연하여 도와주기를 몹시 바란다'는 뜻이에요. 청원과 민원이 우리나라의 행정 및 입법기관에게 제출하는 것이라면, 탄원은 그 외의 기관, 기업, 인물 등에게 원하는 바를 표현하는 것입니다.

앞서 국제앰네스티라는 인권 단체가 벌이는 편지쓰기 캠페인이 세계 곳곳에서 탄압받던 사람들을 구하고 있다고 설명한 바 있습니다. 이때 캠페인에 참여하는 사람들이 쓰는 편지가 탄원서에 해당합니다. 우리나라에서는 통영거제시민모임의 주도로 2010년부터 2015년까지 위안부 명예회복을 요구하는 탄원 엽서 10만 장을 일본과 유엔에 보낸 사례가 있습니다.**

시민단체인 참여연대는 여러 시민사회단체들과 함께 국제검사협회(IAP)에 "세계 여러 나라의 검사들이 직업윤리와 공정한 재판 기준

* 헤럴드 경제 2018년 5월 17일자 기사에서 재구성했습니다.
** 오마이뉴스 2015. 12. 11. 「위안부 명예회복 탄원엽서 10만 장, 유엔으로 보낸다」 참조.

을 위반하고, 비판적인 목소리를 억압하고 있다. 유엔 국제 인권 기준에 따라 보호되어야 할 법률가와 활동가들 중 많은 이들이 유죄판결을 받거나, 장기간 구금되어 있는 현실에 대해 검사들이 경각심을 가져야 한다"는 내용의 탄원을 보내기도 했지요.

어떤 판결에 대해 부당하다고 느끼거나 사회적으로 중요한 영향을 미치는 판결을 앞두고 있을 때에도 법원에 탄원서를 제출할 수 있습니다. 개 농장주가 전기 충격기로 개를 도살한 행위가 무죄라고 판결이 나자 동물 보호 단체들이 반발하여 항소심 재판부에 탄원한 사례나 양심적 병역거부로 인해 병역법 위반 혐의를 받는 시민단체 활동가에 대한 무죄 선고와 불구속 재판을 요청하는 탄원 등이 이에 해당하지요.

탄원서를 작성할 때는 특별한 형식이 없습니다. 다만 읽는 사람이 그 내용에 공감하여 마음이 움직이거나, 혹은 논리적인 근거로 인하여 수긍할 수 있도록 정성껏 작성하는 것이 좋겠지요?

✻ 헌법재판소는 2018년 6월 양심적 병역거부자에 대한 형사처벌 근거 조항인 병역법 제88조 1항에 대해 합헌 결정을 내리면서 양심적 병역거부자들이 대체복무할 수 있는 여건을 마련하지 않은 병역법 제5조 1항에 대해서는 헌법불합치 결정을 내렸습니다. [2011헌바379 등]

······················ 탄원서 사례 — 참여연대 탄원서 ······················

탄 원 서

존경하는 재판장님! 피고인 김○○이 불구속 상태에서 항소심 재판을 받을 수 있도록 허가해 주시기를 간곡히 요청합니다.

　김○○은 국가가 군대를 통해 행사하고자 하는 폭력에 참여할 수 없다며, 평화적 신념에 따른 병역거부를 공개적으로 선언했습니다. 재판에서 김○○과 변호인들은 양심에 따른 병역거부는 헌법상 양심의 자유에 근거한 행위로서 무죄라고 주장했습니다. 그리고 헌법에 명시된 양심의 자유를 보장할 수 있도록 재판장님께서 현명한 판단을 내려주시기를 호소했습니다.

　김○○은 양심에 따른 병역거부자로 도주의 우려가 전혀 없습니다. 김○○과 같은 병역거부자는 평화를 위하여 병역을 거부하겠다는 것이므로, 비록 현행 「병역법」을 위반했더라도 그 위반 행위에는 도덕적인 잘못이 없으며, '양심수'라고 불립니다. 김○○은 감옥에 갈 수도 있다는 사실을 알면서도 양심에 따라 병역거부를 선택했고, 이를 공개적으로 선언했습니다. 김○○의 주변인들은 그의 선택을 전적으로 지지하고 응원하고 있습니다.

　또한 김○○은 병역거부 이전부터 활동하던 시민단체에서 기소 이후에도 성실히 근무하며 사회운동에 헌신하고 있으며, 부모님과 함께 거주하고 있습니다. 현재 직장과 주거가 분명합니다.

　양심적 병역거부자를 형사처벌하는 근거인 「병역법」 제88조 1항에 대한 세 번째 위헌 심판이 진행되고 있습니다. 이에 올해 내 헌법재판소의 결정이 이뤄질 가능성, 그리고 헌법재판소가 이전과는 '다른 판단'을 내릴 가능성이 존재합니다.[*] 따라서 구속 결정에 대해 그 어느 때보다 신중한 접근이 필요하다고 생각합니다. 대한민국 건국 이후 김○○과 같은 양심(또는 종교)을 이유로 병역을 거부해 처벌을 받은 사람은 1만 8천800여 명에 달합니다. 이들의 수감 기간만 합쳐도 3만 6천 년이 넘습니다. 누구의 것을 뺏은 적도, 누구를 해친 적도 없는 사람들입니다.

　피고인 김○○은 1심에서 유죄판결이 나올 경우에도 항소 및 상고를 통하여 무죄를 다투고자 합니다. 위와 같은 사정을 참작하시어, 피고인에게 유죄를 선고하시더라도 부디 불구속 상태에서 항소심 재판을 받을 수 있도록 허가해 주시기를 간곡히 부탁드립니다.

2017년 4월 14일

탄원 동참자 명단 첨부 (총 240명)

(5) 캠페인 하기

사회참여 활동에서 '캠페인'이란 시민을 상대로 특정 문제에 대해 알리거나 시민 의식의 변화를 요구하거나 문제 해결에 동참하도록 촉구하는 활동을 말합니다. 특히 문제 해결을 위해 무언가를 주장하고자 할 때 그 주장을 널리 알리고 더 많은 시민의 참여를 끌어내는 평화적인 방법입니다.

 캠페인 활동은 언제 필요할까요?

문제 해결을 위해 법이나 제도를 새로 만들거나 고쳐야 한다면, 권한이 있는 기관에 이를 요구해야 합니다. 그러나 법, 제도는 몇몇이 바란다고 하여 쉽게 바꿀 수 있는 것이 아니므로 사회 구성원에게 지속적으로 알리고 널리 공감대를 형성해야 합니다. 해당 기관을 향해서도 시민의 뜻이 이러이러하다는 것을 적극 표현해야겠지요. 이럴 때 캠페인 활동을 하는 것이 효과적입니다.

법과 제도가 마련되어 있지만 시민이 무관심하거나 잘 지키지 않아 문제가 생기는 경우라든지, 시민 의식의 변화가 필요한 경우, 민주주의 가치에 대한 적극적인 옹호가 필요한 경우에도 캠페인 활동을 펼칠 수 있습니다.

때로는 이해관계가 충돌하여 어떤 사람들은 찬성하고 어떤 사람들은 반대하는 문제가 있을 수 있습니다. 이때에도 양쪽 모두 자신들의 주장을 홍보하고 시민을 설득하기 위해 캠페인을 할 수 있지요.

시민의 생각과 의식의 변화는 사회를 변화시키는 가장 크고 근본적인 힘입니다. 사회참여 활동을 할 때 시청에 민원을 제출하거나 시장,

시의원 등 의사 결정권자와 면담을 하는 것도 의미가 있지만, 그 전에
시민의 지지, 참여, 협조를 끌어내기 위한 캠페인 활동이 선행되어야
하는 것은 아닌지 꼭 살펴보세요.

 캠페인 활동은 어떻게 할까요?

① 팻말, 플래카드, 홍보물 만들어 거리 홍보하기
이 문제에 관심을 가질 만한 사람들이 많은 장소에서 구호 등을 외치
며 사람들에게 알릴 수 있어요. 서명운동이 필요하다면 거리 홍보와
함께 하는 것도 효과적이랍니다.

❶ 화장품 속의 해로운 성분
알리기
❷ 성평등 의식 갖기
❸ 길고양이에 대한 의식 개선
하기(2016~2017년 석천중
학교 1학년)

페이스북에서 펼친 금연 캠페인

② 온라인 매체를 이용하여 홍보하기

자신의 SNS 계정에 알리고 싶은 내용을 공유하거나 유튜브 같은 사이트에 모둠 친구들과 함께 만든 영상(UCC)을 올리거나 개인 방송을 활용할 수 있지요. 온라인 매체의 발달로 전 세계인의 공감과 참여를 끌어낼 수 있는 아이디어도 다양하게 제시되고 있어요. 여러분도 참신한 온라인 캠페인 방법을 고안해 보세요.

③ 행사를 통해 알리기

학교 축제나 지역 축제에 부스를 만들어 홍보하거나 청소년의 의견을 경청하는 다양한 행사에 참여할 수 있어요. 또한 우리가 직접 기획한 행사, 시위, 집회 등을 열어 주장을 펼칠 수 있답니다.

청소년 인권 보장을 위한 토요 집회(위)
많은 지방자치단체가 청소년의 바람을 예산(정책)에 반영하기 위한 행사를 열고 있다.(아래)

4. 우리의 활동 되돌아보기

사회참여 활동에서 말하는 '결과'는 사회문제의 완전한 '해결'을 의미하는 것이 아닙니다. 사회문제의 해결을 위해 노력하는 과정에서 새롭게 배우고 깨닫고 느낀 것을 친구, 선생님, 부모님, 이웃과 나누는 것이 곧 활동의 '결과'입니다. 하지만 해결이나 성과에 연연하지 않고 과정 중에 느낀 바를 찬찬히 점검하는 것은 역시 쉬운 일이 입니다. 일을 바삐 진행하는 것에 매몰될 수 있으니까요.

　다음과 같은 성찰 주제를 체크 리스트로 만들어 두거나 회의 주제로 미리 정해 두면 어떨까요?

　사회참여 활동 중에는 활동 과정에서 새로 알게 된 사회문제는 무엇인지, 충돌하는 이해관계는 무엇인지, 우리와 같은 문제를 고민하고 해결하기 위해 노력하는 개인, 정당, 시민단체, 이익집단은 무엇이며 어떻게 활동했는지 등을 확인합니다. 이를 통해 활동 방향을 조금씩 바꾸거나 계획한 것을 수정해도 좋습니다.

　사회참여 활동을 마무리하는 시기에는 문제를 해결하는 과정에서 겪은 어려움을 돌아보고 우리가 실천했던 활동의 한계는 무엇이었는지, 활동을 통해 우리가 얼마나 성장했는지를 확인합니다. 이를 바탕으로 뒤이을 사회참여 활동을 구상하거나 새로운 활동을 제안해 볼 수 있을 것입니다.

Q1. 활동 과정에서 새로 알게 된 사회문제는 무엇인가요?

대부분의 사회문제는 또 다른 사회문제와 꼬리를 물며 연결되어 있습니다. 예를 들어 아파트 단지 내 주차 공간 부족 문제를 조사하기 위해 아파트 경비원과 면담을 하다가 우리 아파트에 주차 관리를 위한 경비 인력이 부족하다는 사실을 새롭게 알게 된다면 경비 인력의 확충, 경비원에 대한 처우 개선이라는 새로운 활동 목표를 갖게 될 수 있겠지요.

여기서 잠깐!

사회참여 활동을 하다가
새롭게 알게 된 사회문제는 이런 게 있어

우리는 사회참여 활동으로 유아 유기 사건과 베이비박스(부득이한 사정으로 아이를 키울 수 없게 된 부모가 아이를 두고 갈 수 있도록 마련된 상자) 문제에 대해 더 자세히 알아보기 위해 경기북부아동일시보호소에 방문했어. 그곳에서 우리는 우리 같은 고등학생들도 부모로부터 방치되어 보호소에 머무르는 일이 있다는 걸 알게 되었지. 그래서 활동 주제를 유아 유기에서 아동 학대로 넓히고, 아동 학대가 사회에 미치는 부정적 영향, 아동 학대 방지를 위한 방법 등을 더 연구해 보기로 했어.

Q2. 충돌하는 이해관계는 무엇인가요?

여러분은 활동 과정에서 여러분과 다른 의견을 가진 개인이나 집단을 만날 것입니다. 예를 들어 골목길에서의 안전 보행을 위해 가로등 설치를 의논하러 담당 공무원과 면담을 하던 중 가로등이 생기거나 기존 가로등의 조도가 높아지면 저층에 거주하는 사람들이 불편을 겪는다는 사실을 새롭게 알게 될 수 있지요.

　이럴 때는 처음의 생각만을 고집하기보다는 다른 의견이나 비판도 경청하는 태도가 필요합니다. 새롭게 안 사실을 반영하여 활동 주제를 보완하거나 활동 방향을 바꿔야겠다고 결정할 수도 있고요.

여기서 잠깐!

우리와 반대의 생각을 가진 사람들의
의견도 경청하면 좋겠어

우리는 '간접흡연 문제'에 대해 사회참여 활동을 하던 중 금연 구역은 늘어나지만 흡연 구역은 정해진 곳이 없어서 흡연자들이 법을 위반할 수밖에 없다는 것을 알게 되었어. 길거리에서 담배를 피우다보니 어쩔 수 없이 담배꽁초를 바닥에 버리게 된다는 거지. 길거리에는 쓰레기통이 거의 없으니까 말이야. 또, 일부 지역에 흡연 부스가 설치되어 있지만 제대로 관리가 되지 않아 흡연자들조차 부스에 들어가기 꺼려진다고 해. 담배에 부과하는 세금의 일부라도 흡연자들의 권리를 위해 사용하면 좋겠다는 생각은 하게 되었어.

Q3. 우리와 같은 문제를 고민하고 해결하기 위해 노력하는 개인, 정당, 시민단체, 이익집단은 무엇이며 어떻게 활동했나요?

우리와 같은 문제를 고민하는 개인, 정당, 시민단체, 이익집단을 찾아 조사하고 연대 활동을 한다면 서로에게 힘이 될 거예요. 특히 문제의 원인을 파악하거나 실태를 알아보려 할 때 보다 전문적인 기관이 파악해 둔 자료를 활용하면 더욱 자신감 있게 우리가 주장하는 바를 펼칠 수 있지요.

＊ 광주드림 2018. 05. 25. 광주 운남고등학교의 사례(http://www.gjdream.com/v2/news/view.html?uid=487840)를 재구성했습니다.

여기서 잠깐!

우리와 같은 생각을 가진
단체와의 연대는 어떻게 하는 거야?

안녕? 나는 △△고등학교의 학생회장이야.

평화의소녀상은 일본군 위안부 문제 해결을 위한 수요집회 1000회를 맞은 2011년 12월 14일, 시민들의 모금으로 서울 종로구 일본대사관 앞에 처음 세워졌어. 이후 국내외로 확산되었지. 정동 프란치스코 회관 앞에 소녀상을 세운 이화고등학교 역사 동아리 '주먹도끼'는 '239개(자신이 일본군 위안부였음을 공개한 할머니의 수)의 소녀상을 대한민국 239개 학교에 세우자'며 동참을 호소했어.

이 소식을 듣고 나도 우리 학교 친구들에게 연대 활동을 제안했어. 학생회뿐만 아니라 경찰 동아리, 역사 동아리 친구들도 돕겠다고 나서 주었지. 우리 세 단체는 함께 만든 홍보 피켓과 모금함을 들고 매일 아침과 점심시간에 학교 급식실 앞에서 소녀상 교내 설립을 위한 캠페인 활동을 하고 있어. 경찰동아리에서는 배지 제작을 하고 있는데, 배지를 판매해서 얻는 수익금은 소녀상 건립에 기부할 거래.

소녀상 건립은 우리가 진심으로 일본군 위안부의 아픔을 잊지 않겠다고 약속하는 것과 같다고 생각해. '눈에서 멀어지면 마음에서도 멀어진다'는 말도 있잖아. 소녀상이라는 상징물을 통해 우리 학교 친구들이 역사를 잊지 않는 마음을 갖게 되었으면 해. 우린 앞으로 매월 첫째 주 수요일에 열리는 우리 지역의 수요집회에도 참여할 거야.[*]

사회참여 활동을 마무리할 때 되돌아보아야 하는 것에는 다음과 같은 것이 있습니다.

Q1. 문제를 해결하는 과정에서 겪은 어려움은 무엇인가요?

언제나 기대했던 결과만 얻는 것은 아니지만 예상치 못한 난관은 우리에게 또 한 번 배울 수 있는 기회를 줍니다. 어려움이 생긴 까닭을 잘 돌아보면 헤쳐 나갈 길도 보이지요.

예를 들어, 우리 동네 교차로의 점멸 신호등을 일반 신호등으로 바꾸어달라고 민원을 제출하였는데 돌아온 답변이 만족스럽지 않았다면, 그 까닭은 무엇일까요? 문제에 대한 조사 활동이 충분하지 못했나요? 해당 기관이 할 수 없는 것을 요구했나요? 예산이 부족하다는 답변을 받았나요? 이 문제를 해결하기 위해 필요한 추가 활동에는 무엇이 있을까요?

Q2. 우리가 실천했던 활동의 한계는 무엇이었나요?

문제를 해결해야겠다는 마음이 앞선 나머지, 우리의 주장을 일방적으로 강요하기만 한 것은 아닌지 돌아봅시다. 특히 예산이 쓰이는 문제의 경우, 특정인의 이익을 중심으로 생각하기보다 공익의 관점에서 바라보아야 합니다. 반대 의견도 귀담아들었는지, 진지하게 토의하고 의견을 교환했는지 생각해 보세요.

캠페인 활동은 다양한 방법을 시도해 보고, 새로운 경험에 도전해 본 것만으로도 충분히 의미가 있지만, 이와 별개로 우리의 캠페인 활동이 그 자체로 얼마나 효과적이었는가, 방법이 적절했는가 등을 성찰해 보는 것이 좋습니다. 얼마나 많은 사람이 우리의 캠페인에 관심을 갖거나 동조했나요? 우리가 사람들의 관심을 이끌어 내지 못했다면 그 까닭은 무엇인가요?

여기서 잠깐!

반짝 관심으로 끝나는 활동은 아니었을까?

우리는 '시각장애인을 위한 점자 메뉴판 활성화 문제'에 대해 사회참여 활동을 하던 중 어느 프랜차이즈 식당의 점자 메뉴판 협약식에 참석했던 시각장애인과 인터뷰를 하게 되었어. 그분이 "협약식도 했으니 이제 점자 메뉴판이 정착될 것으로 기대했어요. 하지만 그때 잠깐뿐이었고 이후에는 점자 메뉴판이 없어 이용하지 못했어요"라고 말씀하셔서 우리는 정말 놀랐어. 우리가 실제 구입한 시각장애인용 책에조차 겉표지에 점자가 없어 다시 한 번 놀랐지. 시각장애인이 남의 도움 없이 스스로 살아갈 수 있는 환경을 만들어야 한다는 것에는 모두 공감할 거야. 하지만 그런 노력이 꾸준히 이루어지지 않고 일시적인 관심에 그치거나 문제 상황이 계속된다는 것이 안타까웠어.

광주 문정여고 학생들이 '근로정신대 피해자 문제 해결'을 위한 서명운동을 펼치고 있다.(왼쪽)
국정교과서 반대 서명 운동에 참여하는 인천여고 학생들(오른쪽)

Q3. 이 활동을 통해 우리는 얼마나 성장했나요?

거리에서 캠페인을 할 때, 설문조사나 서명을 받을 때 시민들이 여러분에게 보낸 응원의 눈빛과 지지하는 손길에서 무엇을 느꼈나요? 여러분의 활동은 혼자만 잘살기 위한 것이 아니라 우리 모두의 행복과 이익을 위한 것이었습니다. 사회에 기여하고자 했던 여러분의 용기와 행동은 높이 평가 받고 크게 칭찬받을 만한 것입니다. 아마 여러분 스스로도 그 점을 잘 알기에 자부심을 느꼈을 것입니다. 여러분은 모둠원들과 협력하고 소통하면서 배려심과 리더십을 키웠고 남을 설득하는 데 자신감도 갖게 되었습니다. 또한 사회 정의가 무엇인지, 정치가 무엇인지, 시민이 무엇이며 민주주의가 무엇인지 숙고하는 계기가 되었을 것입니다.

여러분이 사회참여 활동을 통해 얻은 경험은 다른 방법으로는 절대로 얻을 수 없는 것입니다. 여러분의 세계는 넓어졌습니다. 함께한 친구들과 서로 격려하고 마음껏 축하하세요. 그리고 여러분이 느낀 소감과 성찰의 결과도 잘 기록해 두기 바랍니다.

* 송우고등학교 2013년 1학년 5반 맹지인, 신소민, 전소라, 이재혁, 심규연 학생의 사회참여 활동 소감문을 재구성한 것입니다.

여기서 잠깐!

의지를 가지고 행동하면
누구나 할 수 있어!

처음에 사회참여 활동 얘기를 들었을 때 솔직히 '우리 같은 학생이 뭘 할 수 있겠어?'라고 생각했어. 학생들의 사회참여에 관한 책을 읽었을 때도 '이 아이들은 특별한 아이들이겠지, 나랑은 다르겠지'라고 생각했어. 민원을 넣을 때도 망설였지. '우리가 이런 것을 해도 될까?', '우리의 말을 들어줄까?' 싶었거든. 그런데 경찰청에서 전화가 와서 앞으로 더 신경 써서 문제를 해결하겠다고 했을 때 너무나 뿌듯하더라. 의지를 가지고 행동하면 누구나 할 수가 있구나, 하는 깨달음이 생겼달까? 그런 의지 있는 사람이 바로 내가 될 수 있다는 게 정말 신기했어.

우리는 불법 전단지 문제를 해결하려고 했어. 어릴 적에는 문 앞에 붙어 있는 홍보 전단지에 편리함을 느낀 적도 있었지만 언제부턴가 유흥업소에서 배포하는 음란성 전단지에 눈살을 찌푸린 적이 많았거든. '이런 것들이 어린이와 청소년에게 어떤 영향을 미칠까' 하는 생각을 하니 참을 수 없더라구. 처음엔 잘 몰라서 시청에 민원을 넣었는데 몇몇 경찰서나 다른 부서로 이첩되어 처리되는 것을 보고 행정 시스템이 잘 갖춰져 있다는 점에 감탄했고 과정이 무척 합리적이라고 생각했어. 그리고 어느 기관과 관련된 문제인지를 먼저 파악하고 난 후 민원을 넣으면 더 빠른 답변을 받을 수 있다는 것도 알게 됐어.

서명운동은 생각보다 어려운 일이 많았어. 홍보물을 많이 준비하긴 했지만 우리가 일일이 설명하고 부탁드려야 하는 부분도 있었고, 내가 설명을 제대로 하지 못해서 서명을 거절하는 분도 있었거든. 하지만 대부분 우리의 이야기에 귀 기울여 주고 최대한 도움을 주려고 하셨어. 200여 명의 시민이 해 주신 서명을 볼 때마다 '누군가의 작은 행동 하나하나가 모여 사회를 바꾸는구나' 하는 걸 느껴. 그리고 우리가 느끼진 못했지만 누군가는 느끼고 있을 수많은 불편함들이 생각났어. 다음번에 또 활동을 한다면 우리가 아닌 그 누군가를 위해 노력하고 싶어 *

선생님을 위한
사 회 참 여
수 업 방 법

청소년의 사회참여 활동은 학교 안팎에서 두루 조직되어 이루어질 수 있습니다. 학교에서는 교과 수업 시간이나 창의적 체험 활동 시간에 프로젝트 수업으로 사회참여 활동을 할 수 있습니다. 청소년 수련 시설이나 지방정부에서도 지역 청소년의 시민성 함양을 위해 사회참여 활동을 권장하고 동아리나 청소년 위원회 등을 조직할 수 있습니다.

청소년이 사회참여 활동을 할 때는 교사, 청소년 지도사, 부모 등 청소년 주변에서 도움을 주는 선생님이 반드시 필요합니다. 선생님은 사회참여 활동을 소개하고 활동 동기를 가질 수 있도록 안내하는 일, 활동 계획을 검토하여 방향과 방법이 알맞게 설정되어 있는지 확인하는 일, 활동이 잘 이루어질 수 있도록 격려하고 막혀 있거나 멈춰 있을 때 이겨 낼 수 있도록 돕는 일을 주로 합니다. 이때 선생님은 청소년의 자율성을 침해하지 않으면서도 적절한 시기에 적절한 정도로 개입하여 활동을 촉진할 수 있어야 합니다.

사회참여 활동에서의 선생님은 우리 사회의 모든 문제에 대해 전문가적 지식을 가지고 청소년이 묻는 질문에 척척 답을 내놓는 사람이 아닙니다. 답을 찾기 위해 함께 고민하고 답을 찾아가는 과정에서 이 사회와 어떻게 연결해야 하는지 길을 안내하는 사람입니다. 이 장의 내용이 선생님의 길잡이로서의 여정에 조금이나마 도움이 되기를 바랍니다.

1. 사회참여의 이해

Q1. 사회참여란 무엇인가요?

사회참여란 참다운 민주주의를 위해 비판 의식과 개혁 의지를 가지고 사회를 변화시켜 나가는 시민들의 자발적인 행동을 말합니다. 우리는 매일 공동체 속에서 살아가고 있기 때문에 우리의 사소하고 의식하지 못하는 행동마저 다른 사람에게 영향을 미치고, 또 누군가 드러내지 않고 조용히 기여한 덕분에 안전하고 평화롭게 지낼 수 있습니다. 하지만 사회참여는 이보다 조금 더 적극적으로 나서고 의식적으로 행동하는 것을 말합니다. 지금보다 더 나은 세상을 만들기 위해 다음과 같이 행동하는 것입니다.

① 시민(주권자)으로서 영향력을 행사하는 행동

② 공개적으로 의견을 표명하거나 다수의 시민을 설득하는 행동

③ 사회 전체가 더욱 좋아져야 한다는 의무감이 바탕이 된 행동이나 사회적 약자를 위한 연대 행동

④ 문제라고 생각하는 것을 해결하기 위해 제도 개선을 도모하거나 시민의 참여를 이끌어 내는 행동

예를 들어, 수업 시간에 '시장님에게 보내는 제안서 쓰기'를 했는데, 단순히 쓴 것을 교실에서 발표하는 데 그친다면 사회참여가 아니지만, 제안서를 모아 우리 시의 시장님에게 보낸다면 시민으로서 영향

력을 행사하는 행동이자 공개적으로 의견을 표명하는 행동이므로 사
회참여라 할 수 있습니다.

또, 수업 시간에 '시민단체에는 이러이러한 게 있습니다'라고 배우
는 데서 그치면 사회참여가 아니지만 지역의 시민단체를 방문해서 우
리 지역의 문제에 대해 토의하고 문제 해결 방안을 의논한다면 역시
사회참여라 할 수 있습니다.

불의한 일을 보고 참지 않고 어떤 식으로든 의견을 표명(대자보 붙
이기, 포스트잇 붙이기, SNS 계정 만들어 활동하기 등)하는 것도 사회
전체가 더욱 좋아져야 한다는 의무감이 바탕이 된 행동이자 문제라고
생각하는 것을 해결하기 위해 노력한 것이므로 사회참여라 할 수 있습
니다.

Q2. 사회참여는 왜 중요한가요?

사회참여는 성숙한 시민사회에서 활발하게 이루어지고, 성숙한 시민
사회를 만들기 위해서는 역시 사회참여가 필수적이므로 둘은 서로에
게 꼭 필요합니다.

시민사회란 강력한 권력을 가진 국가를 견제하기도 하고 국가의 역
할을 보완하기도 함으로써 참다운 민주주의를 가능하게 해 주는 다양
한 비정부기구와 제도의 집합체를 말합니다. 오늘날 대의 민주주의에
서는 정책을 결정할 때 시민의 의사가 제대로 반영되기 어려울 뿐 아
니라, 시민 한 사람 한 사람이 공동체의 일을 논의하고 결정하는 과정
에서의 즐거움과 만족감을 누리기 어렵습니다. 그러나 시민의 참여로
형성된 시민사회는 이러한 대의 민주주의의 한계를 상당 부분 보완하
는 역할을 하지요.

　시민사회가 성숙해지려면 누구나 어릴 때부터 사회참여를 하면서 익숙해지고 단련되어야 합니다. 사회참여는 공동체 의식, 사회 정의에 대한 열망, 사회문제에 대한 비판 의식과 책임감, 개혁하고자 하는 의지를 지닌 시민을 키워 내는 가장 좋은 방법입니다.

Q3. 어린이와 청소년은 시민인가요?

아직도 우리 사회는 어린이와 청소년을 '아직 시민이 아닌 존재'로 생각하는 경우가 많습니다. 언젠가 1등 시민이 될 그날을 위해 아직 더 배우고 경험을 쌓아야 하는 2등 시민, 혹은 예비 시민으로 상정하고 대우하지요.

　그러나 사회참여 활동에서 어린이와 청소년은 당당히 '시민'이 됩니다. 선생님의 중요한 역할은, 이들이 스스로 시민인 것을 잘 모르고 시민으로서의 권리 행사도 기술적인 측면에서 약간 서툴기 때문에 이를 잘할 수 있도록 안내하는 데 있습니다.

Q4. 사회참여를 하면 정말 개인의 역량도 성장하나요?

사회참여 활동을 하는 청소년이라면 누구나, 그간 가정과 학교에서 느꼈던 것과는 조금 다른 종류의 주인 의식, 책임 의식, 보람, 사회의 구성원으로 인정받고 존중받는 느낌을 경험하게 됩니다.

　선생님의 입장에서도 또래 어린이와 청소년의 활동 사례를 보면서 눈빛을 반짝이는 모습을 볼 때, 새로운 경험에 즐거워하고 성취감과 자부심을 느끼며 기뻐하는 모습을 볼 때, 리더십과 협동 능력, 생각한 것을 표현하는 능력, 시민성이 향상되는 모습을 볼 때 사회참여 활동의 교육적 효과를 실감합니다. '민주 시민으로서 필요한 자질을 갖추게 한다'(교육기본법 제2조)는 교육 이념의 실현에 다가섰다는 보람도 느끼게 되지요.

독일, 호주, 캐나다 등 OECD 내의 많은 교육 선진국은 30여 년 전부터 '지속 가능한 발전을 위한 교육'이나 '역량 중심 통합 교육과정' 등의 이름으로 통합 교육과정을 도입해 실시하고 있습니다. 이들이 통합 교육과정을 중시하는 까닭은 그것이 미래 능력을 갖출 수 있는 훌륭한 방법이라고 보았기 때문입니다. 그런데 미래 능력이라는 것을 다시 살펴보면 결국 '더 상호 의존적이며 불확실해지는 사회에서 살아가는 데 필요한 종합적인 이해 능력과 협력적 문제 해결 능력, 사회참여 능력'입니다. 사회참여 활동이 결국 미래 능력을 키우는 가장 적합한 방법인 셈이지요.

Q5. 학교에서 사회참여 활동을 할 수 있는 방법은 무엇인가요?

학교에서는 사회참여 활동을 위해 교과 수업 시간을 활용할 수도 있고, 창의적 체험 활동 시간을 활용할 수도 있습니다. 창의적 체험 활동(자율 활동, 동아리 활동, 봉사 활동, 진로 활동 – 줄여서 '창체')은 교과 외 활동이긴 하지만, 교과와 독립적인 활동은 아니므로 이 둘을 주제 중심으로 연계하여 편성·운영할 수 있습니다. 이는 학교 현장에서 자칫 형식적으로 이루어질 수도 있는 창체를 내실 있게 운영할 수 있는 좋은 방법이 됩니다. 예를 들어 1학기에 17시간의 창체가 편성되어 있고 교육 계획 수립 시 학교 구성원의 공감대가 형성된다면 자율 활동의 창의 주제 활동으로 사회참여 활동을 해 볼 수 있을 것입니다.

창체 중에서 동아리 활동은 사회참여 활동을 접목하기에 가장 좋은 조건을 갖추고 있습니다. 일부 시·도 교육청에서는 사회참여를 주제로 하는 동아리 활동을 응원하기 위해 동아리 지원금을 주기도 합니다.

교과 수업 시간에도 사회참여 활동을 프로젝트형 수업으로 진행하고 이를 수행평가에 반영할 수 있습니다. 이 프로젝트는 최소 한 달 이상이 걸리므로 역시 학기 초에 교육 계획을 잘 세워야 합니다. 학사 일정에 쫓겨 단기간에 마무리되면 배우고 느끼는 것이 부족할 수 있습니다.

긴 호흡으로 주제를 깊이 있게 다루고자 할 때는 교과 간 협력 수업이 으뜸입니다. 예를 들어 사회 교과에서 젠트리피케이션으로 인한 임대료 상승 문제를 해결하는 사회참여 활동을 한다면 수학 교과에서는 젠트리피케이션에 대한 수학적 접근과 주민을 대상으로 한 설문조사에 대한 통계 분석 수업을 할 수 있을 것입니다.

학교는 청소년이 사회참여 활동을 펼칠 수 있는 가장 안정적이고 든든한 터전입니다. 학교에서 사회참여 활동을 지도할 수 있는 다양한 방법에 대한 상세한 안내는 다음 장에서 이어가겠습니다.

2. 교과 통합 프로젝트형 사회참여 수업

사회참여 활동은 우리가 살고 있는 현실의 문제를 다루기 때문에 학생에게 다양한 역량을 요구하고 융합적 사고를 자극합니다. 또한 수업 설계를 어떻게 하느냐에 따라 사회, 도덕, 역사, 국어는 물론 기술·가정, 과학, 수학, 미술, 음악, 체육 교과와도 통합 수업이 가능합니다. 학기 내내 긴 호흡으로 할 수 있기 때문에 활동 주제를 정하는 것에서부터 수업을 끌고 가는 전체적인 흐름 등을 협의하는 과정에서 교사 자신에게도 성장의 경험이 됩니다.

(1) 교과 통합 프로젝트형 사회참여 수업에 앞서 생각해야 할 점

경청과 존중의 태도

혼자서 하는 수업이 아니기 때문에 시작부터 수업 과정, 수업 이후를 공유하는 것까지 신경 쓸 일이 더 많습니다. 우선 수업 설계부터 함께 하기에 동료 교사와 상호 존중하는 태도를 잘 유지해야 합니다. 혼자 생각한 것보다 더 체계적이고 세밀한 부분까지 챙길 수 있어 좋은 점이 있지만 함께 의논해서 결정해야 하기 때문에 어려운 점도 있습니다. 때로 자신의 생각과 다르거나 자신의 의견이 받아들여지지 않을 때 차이를 존중하고 자신의 의견을 내려놓을 줄 알아야 합니다.

사회참여 수업의 원칙 공유와 역할 분담

통합 수업을 준비하는 교사들은 모두 사회참여 수업의 원칙과 방법을 잘 알고 있어야 합니다. 그래야 학생들에게 안내할 때 혼선이 생기지 않습니다. 학생이 직접 문제를 발견하고 해결해 가는 과정에서 변화를 만들어 가는 실천 활동이라는 점, 학생에게 충분한 시간과 기회를 주어야 한다는 점 등 기본적인 원칙을 확인합니다. 학교 밖 활동에서 생길 수 있는 여러 문제 상황을 대비할 방안도 미리 협의해 둡니다.

역할을 분담할 때는 전체를 총괄하는 사람에게 일이 집중되지 않도록 주의를 기울여야 합니다. 수업 설계하기, 평가 항목 만들기, 학교 밖 활동 지도하기 등과 같이 학급 운영 시 사용하는 1인 1역처럼 세부적인 항목까지 역할을 나누어 갖는 것도 좋은 방법입니다. 작은 역할이라도 잊지 않고 제때 해야 전체 프로젝트가 원활하게 진행될 수 있습니다.

수업 공유와 성찰

수업과 관련하여 연구회나 나눔의 시간이 있을 때 이 수업의 장점은 무엇이었으며 교사로서 새로 경험하고 성장한 바는 무엇이었는지 다른 동료 교사들에게 적극적으로 알립시다. 교사 간 소통 증진과 민주적인 학교 문화 정착에 도움이 될 것입니다.

사회참여 활동에 대한 수업 공유 시 중요하게 여겨야 할 점은 활동 과정에서 일어난 학생의 변화와 성장은 무엇이었는지입니다. 학생들이 거둔 성과나 실적보다는 활동 과정에 초점을 맞추도록 합니다.

(2) 교과 통합 프로젝트형 사회참여 활동의 주요 흐름

① 주제 정하기 (예: 아! 민주주의)

↓

② 교과별·단원별 성취 기준 정리하기

↓

③ 관련 단원 찾기

학년 교사들이 함께 모여 관련 단원을 찾는 시간을 갖습니다. 대개 학기가 시작되기 전인 2월에 학교 교육과정 설계를 짜는 시기에 하면 좋습니다.

↓

④ 연계 가능한 성취 기준 찾기

주제를 중심으로 연계가 가능한 성취 기준을 찾고 해당 단원을 표시합니다. 이때 유사한 성취 기준끼리 묶어 프로젝트에 참여가 가능한 교과들끼리 모입니다.

↓

⑤ 주제 통합 과목 정하기

유사한 성취 기준이라 하더라도 프로젝트에 참여할 교과는 담당 교사의 상황이나 계획에 따라 달라질 수 있을 것입니다.

↓

⑥ 기간과 시기 정하기

기간은 짧게는 한 달부터 길게는 한 학기까지 이어질 수 있습니다. 시기는 여러 가지 이유로 조율하게 됩니다. 학생들이 배워야 할 시기, 사회적 이슈나 계기 교육과 관련 있는 시기, 시험이나 여러 학사 일정 등도 고려하면 좋습니다. 기간과 시기를 잘 조율하면 학생들은 실제 자신들의 삶과 일치하게 되므로 훨씬 자연스럽고 재미있게 배울 수 있습니다. 학년, 학교의 특별한 교육 활동이 있다면 이와도 연계해 가면서 교육과정을 재구성하는 것도 좋습니다. 또한 교육 내용의 위계를 고려하여 시기를 정한다면 교육과정이 보다 체계적으로 운영될 수 있을 것입니다.

↓

⑦ 구체적인 방법 정하기

전체 과정을 컨트롤할 사람과 과목별로 담당할 수업 내용을 정합니다. 여러 교과가 함께할 때는 전체 흐름과 일정, 각각의 역할을 조율하고 이끌어 가는 책임 교과 또는 이끄미 교사가 있어야 합니다. 과목의 성격에 맞게 주제 선정 및 계획서 쓰기는 사회 교과가, 다른 사람을 설득하는 말하기와 글쓰기는 국어 교과가, 캠페인 활동에 필요한 도구 만들기 등은 국어 교과, 미술 교과, 음악 교과가 하는 것도 방법입니다. 아울러 학교의 비전과 키우고자 하는 역량과 연결 지어 프로젝트를 진행하면 학교 교육과정 전반에 녹일 수 있어 프로젝트가 더 풍성해질 수 있습니다.

↓

⑧ 통합 프로젝트 진행 후 결과 평가회 갖기

[3] 교과 통합 프로젝트형 사회참여 수업 사례

세월호 참사 2주기가 되던 해에 세월호 참사 기억 수업을 사회, 수학, 미술 교과가 함께 했습니다. 이 세 교과의 교사가 뜻을 모은 까닭은 '친하기 때문'입니다. 같은 교무실을 쓰면서 생활 대화에 익숙해 있었고 덩달아 수업에 대한 아이디어도 많이 나누면서 자연스럽게 교과 통합 프로젝트가 만들어졌습니다. 첫 제안은 미술 교사가 했습니다.

미술 교사는 당시 『한겨레』에 연재된 세월호 참사로 희생된 단원고 학생들의 '잊지 않겠습니다' 특별 기획을 유심히 보았습니다. 희생된 학생의 가족이 학생에게 보내는 편지글과 희생 학생의 얼굴 그림으로 이루어진 연재였습니다. 글에는 학생들의 못다 이룬 꿈도 함께 쓰여 있었고 미술 교사는 이 학생들의 못다 이룬 꿈을 누군가가 이어서 이뤄 주면 어떨까라는 생각을 했습니다. 이런 생각은 희생 학생의 이루지 못한 꿈을 오늘의 학생들이 기억해 주고, 그 꿈과 같거나 비슷한 꿈을 꾸는 학생들을 만나게 해 보자는 것으로 확장되었습니다.

교사들의 의논을 통해 희생 학생의 꿈이 우리 학생의 꿈으로, 그리고 이미 그 꿈을 이룬 이와 다시 연결되면서 사회적 메시지를 담는 사회참여 활동으로 체계가 잡혔습니다. 프로젝트명은 '꿈나무이음새'로 정했고 활동 목적은 세월호 참사를 희생 학생들의 꿈과 함께 기억하며 다시는 국가로부터 보호받지 못하는 불행한 참사가 되풀이되지 않도록 지역사회에 알리고 공유하는 것으로 세웠습니다. 이후 활동은 각 교과에서의 수업 단원과 수업 설계도 구체화하기, 일정 정하기, 역할 나누기 등으로 이어졌습니다.

첫 번째 수업 - 사회 시간

첫 번째 수업은 사회과에서 2차시로 진행했습니다. 수업의 아이디어

가 되었던『한겨레』연재 기사를 희생 학생마다 개별로 인쇄하여 코팅
한 후 칠판에 게시했고 준비한 PPT로 몇몇 희생 학생들의 이야기를 공
유했습니다. 가수가 꿈인 보미 학생의 '거미의 꿈'을 듣고, 음악 교사
가 꿈인 시연이의 뮤직비디오 '야 돼지야'와 디자이너가 꿈인 예슬이의
'박예슬 전시회' 등을 보며 희생 학생들의 못다 이룬 꿈을 만났습니다.

　학생들은 모둠별로 자신의 꿈과 비슷한 학생을 찾아보았습니다. 언
니, 오빠, 누나, 형들의 못다 이룬 꿈이 자신이 품고 있는 꿈이나 관심
분야와 비슷하다는 점에서, 그러나 이제는 정녕 이룰 수 없는 이야기
가 되었다는 점에서, 그리고 알 수 없는 이유로 희생되었다는 사실에
말로 형언하기 어려운 슬픔과 특별한 감정을 느꼈다고 합니다. '희생
된 학생'과 '오늘의 나'가 만나는 시간이었습니다.

두 번째 수업 - 미술 시간

일본군 위안부로 끌려간 십대 소녀들과 세월호 참사로 희생된 단원고
학생들, 그리고 지금 오늘을 살고 있는 나의 꿈을 주제로 하여 이미지
로 표현하는 작업을 했습니다. 가수, 화가, 교사, 요리사를 꿈꾸는 소
년·소녀의 이야기가 각양각색의 그림으로 표현되었습니다.

세 번째 수업 - 수학 시간

못 이룬 꿈과 이루고 싶은 꿈, 꿈을 이룬 이의 현실을 잇는 모빌 작업
을 했습니다. 삼각 모빌은 수학 1-2단원 삼각형의 결정 조건, 삼각형
의 작도 시간을 이용해 만들었습니다. 삼각 모빌이 단순한 삼각형 용
어와 기본 도형으로서의 작도가 아닌 세 명의 대화를 위한 중심축으로
서의 활동이기에 수학 시간이 사회적 메시지의 연결 고리 역할을 하고
있다는 의미가 되었습니다.

❶❷ 광산구 우산동 광산중학교 2층 구름다리 천장에 걸린 세월호를 기억하는 '꿈 리본'
❸ 광산중학교 학생들의 꿈과 세월호 희생 학생의 꿈 이야기를 이은 꿈나무이음새 종이컵
❹ 4·16 인권선언 캠페인 포스터

마무리 단계

이렇게 연결된 세 명의 꿈과 삼각형 모빌을 학교에서 가장 많은 학생들이 모이는 구름다리에 설치했습니다. 1학년 학생들이 '꿈나무이음새'로 추모 분위기를 조성하자 선배들도 나섰습니다. 2, 3학년 선배들이 중심이 된 광산중학교 학생회가 '4·16 인권선언 캠페인'을 4월 22일까지 연 것입니다. 언론과 지역사회는 학생들의 활동에 관심을 보이고 공감했으며 학생들은 학교를 방문하는 이들에게 도슨트가 되어 활동의 의미를 설명했습니다.

3. 한 학년이 함께하는 연대 프로젝트

사회참여를 통해 '연대'를 실천하는 것은 어떨까요?

연대란, 여럿이 함께 책임지는 것, 어려움을 겪고 있는 이웃에게 손을 내밀어 일으켜 세우는 일, 어떤 문제에 대하여 뜻을 같이하는 시민들이 여러 가지 방법으로 더 나은 사회를 만들기 위해 애쓰는 움직임을 의미합니다. 특히 사회적 약자와의 연대는 인간다운 삶의 조건을 고민하고 시민으로서의 권리와 책임을 돌아보는 소중한 기회가 될 수 있습니다.

(1) 봉사 활동을 통해 '연대'하기

학교마다 학교 봉사 활동 계획에 의거한 교육과정 내 봉사 활동이 있습니다. 이러한 봉사 활동이 주로 교실 청소로만 이루어지는 경우가 많습니다. 이를 사회적 약자와 연대하는 봉사 활동으로 바꿀 수 있습니다.

1) 학년별, 학급별 연대 계획 세우기

학년별로 주제를 정하여 연대의 대상을 선정하고 학년 전체가 움직이는 방향으로 진행하거나, 학급별로 연대 활동 계획을 세워 봉사 활동을 할 수 있습니다. 학년별로 주제를 정한다면 교과 수업과의 연계를 통해 주제 통합형 봉사 활동을 계획해 볼 수 있습니다. 교과 수업에서 이미 사회참여 활동을 하고 있다면, 봉사 활동을 이와 연결하여 학생 각자의 주제에 맞는 활동(거리 피케팅, 벼룩시장 열기, 재능기부 하기 등)을 실천할 수도 있습니다.

2) 자치·적응 활동, 교과 수업과 연결하기

봉사 활동 반일제를 운영하는 학교는 연속 두세 시간을 봉사 활동으로 배정합니다. 꽤 긴 시간이다 보니 정교하게 계획하지 않으면 의미 없이 흘러가 버릴 수 있습니다. 연대의 의미를 느낄 수 있는 봉사 활동을 꾸리려면 자치·적응 활동과 교과 수업에서 연대와 관련된 주제를 충분히 논의하고 배우는 과정이 필요합니다. 예를 들어, 봉사 활동으로 지역사회의 쓰레기를 줍고 수질 환경을 개선하는 환경보호 활동을 계획했다면, 사회 시간에 우리 지역의 쓰레기 문제를 다루고, 과학 시간에 깨끗한 물의 조건에 대해 배웁니다. 자치·적응 활동 시간에는 학급원들이 연대 실천 계획을 짭니다.

3) 연대의 대상 정할 때 시민단체 도움 받기

지역사회의 복지 기관이나 시민단체와의 연대를 통해서도 봉사 활동을 계획할 수 있습니다. 복지 기관, 시민단체에서 진행하고 있는 봉사 활동 프로그램을 학교에서 함께 진행할 수 있고, 연대의 손길이 필요한 곳이 어디이며 적절한 시기는 언제인지를 이해하고 손을 내밀 수 있는 계기가 되기 때문입니다.

4) 연대의 일상화 고민하기

연대 고유의 의미와 뿌듯함을 경험한 학생들은 일상생활에서도 자발적으로 연대를 실천합니다. 실제로 교육과정 봉사 활동에서 아동노동 반대 운동에 참여했던 학생 중 일부는 이후에도 자발적으로 아동노동

자판기 옆의 대자보와
자판기 버튼에 붙인 점자 표식

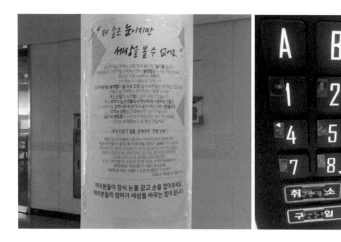

반대 배지를 만들고 기부하는 활동을 이어 갔습니다.

　시각장애인을 위한 행동을 이어 가는 경우도 있었습니다. 학교에 새로 들어온 자판기 앞에 어느 날 대자보가 붙었습니다. '자판기와 같은 무인 시스템은 시각장애인을 배려하지 않는 장비'라는 내용이었지요. 그 후 자판기 운영 업체는 자판기 버튼 위에 점자로 숫자와 음료 설명을 붙였습니다. 덕분에 학교 구성원은 시각장애인의 존재와 그들의 삶을 수시로 떠올릴 수 있었습니다.

　이러한 활동을 하다 보면 대자보나 포스터를 붙일 공간이 넉넉히 필요합니다. 물론 학교 건물의 각 층에는 게시판이 있지만 공식적인 공고문이나 대회 알림 등으로 늘 꽉 차 있지요. 학생들은 자신의 목소리를 내기 위해 늘 비어 있는 벽면을 찾아다닙니다. 왜 학교에는 학생만을 위한 게시판이 없는 걸까요? '학생을 위한 게시판 만들기'도 또 하나의 사회참여 활동 주제가 될 수 있습니다.

TIP!

학생들의
목소리가 있는
공간이
필요합니다.

5) 사례

① 교과와 연계한 봉사 활동 운영 계획

봉사 활동	연계 교과	연계 단원	수업 내용
내가 만든 티셔츠 기부 지역사회 봉사 활동	사회	II. 공정성과 삶의 질 3. 삶의 질과 복지	공동체의 삶의 질 향상을 위해 나는 누구와 어떻게 연대할까에 대해 모둠별로 논의하고, 연대 계획을 구체적으로 세운다.
	미술	발상과 표현	멸종 위기 동물이나 환경에 관한 도안을 만들고 티셔츠를 제작한다.
	수학	4. 도형의 이동	수평이동, 대칭이동을 통해 수학적 원리를 이해 하고 테셀레이션 도안을 만든다.
꿈을 포기한 아이들에게 희망을 주는 아나바다 장터	경제	I. 경제 생활과 경제 문제의 이해 2. 경제 문제의 해결 방식	아나바다 운동, 재사용하기 등 환경 문제를 해결할 수 있는 경제 활동 방안을 제안한다.
	법과정치	III. 헌법의 기본 원리와 기본권	강제 노동, 가난, 전쟁 등으로 발생하는 아동 인권 침해 사례를 조사한다.
OO천 살리기 환경보호 활동	국어	III. 고전과의 대화 2. 침묵의 봄	자연을 지배하는 존재가 아니라 자연의 일부분 으로서 인간 존재를 성찰한다.
	사회	IV. 환경 변화와 인간 2. 공간 변화와 대응	도시화와 산업화로 인한 인간 삶의 공간 변화와 그에 따라 나타나는 환경 문제를 지역사회 주민의 입장에서 분석하고 해결 방법을 고민한다.
	과학	깨끗한 물, 깨끗한 몸	환경과 사람의 관계를 과학적으로 이해하고 미래 세대에게 물려줄 환경을 위한 지속 가능한 발전 기술을 탐구한다.

꿈을 포기한 아이들에게 희망
을 주는 아나바다 장터

② 연대를 실천하는 과정

연대의 대상과 방법 선정		교과 수업 및 자치·적응 활동		봉사 활동
시민단체와 의논하여 아프리카 OO국가의 장애 학생들에게 '내가 만든 티셔츠'를 기부하기로 결정	⇨	연대의 의미를 고려해 '내가 만든 티셔츠'에 그릴 그림을 구상	⇨	'내가 만든 티셔츠' 제작

연대의 대상과 방법 선정		교과 수업 및 자치·적응 활동		봉사 활동
아동 노동 반대에 동참하는 캠페인 활동을 전개하고, 선정 아동을 돕기 위해 아나바다 장터를 열기로 결정	⇨	아동 노동을 반대하는 캠페인 전개하고, 아나바다 장터 운영 계획 수립	⇨	'아나바다 장터' 운영

연대의 대상과 방법 선정		교과 수업 및 자치·적응 활동		봉사 활동
지역사회의 무단 쓰레기와 수질 오염을 해결하기 위해 OO지역과 OO하천 환경보호 활동 결정	⇨	물질의 분해 과정, 깨끗한 물의 조건을 배우고, EM 흙공 발효	⇨	OO지역의 버려진 쓰레기 분해 기간 분석, OO하천의 구간별 수질을 측정하고 EM 흙공 떠내려 보내기

기부할 티셔츠를 제작하는 모습(위)과 티셔츠와 함께 보낸 학생들의 한국 소개 편지(아래)

(2) 연대의 경험을 공유하는 학교 행사 열기

1) 교내 대회

학교 내 다양한 대회들을 '연대'와 연결할 수 있습니다. 퓰리처상 수상 사진 작품에서 사진을 선정해 관련된 국제 문제를 탐구하고 발표하는 '국제 문제 발표 대회', 아동 노동을 반대하는 의미의 배지를 디자인하는 '아동 노동 반대 배지 디자인 대회', 관심 있는 주제에 대해 외국어로 UCC를 제작하는 '외국어 UCC 대회' 등이 열린다면 어떨까요? 대회 참여 활동을 통해 학생들은 연대의 경험을 지속하고 확장할 수 있습니다.

2) 학교 학술제

수행평가 발표는 보통 교실 수업에서 끝나는데, 사회참여 활동을 하고 나면 교실에서의 발표로 끝내기에는 아쉬울 만큼 멋진 실천 경험들이 쏟아집니다. 각 학년별 수행평가에서 진행된 활동 중 의미 있는 활동을 발표하는 학교 학술제를 열어 보는 것은 어떨까요? 학기말의 창의적 체험 활동 시간을 활용하면 큰 부담 없이도 알차게 학술제를 진행할 수 있습니다.

| 사례 | 수업 교환을 통해 3~4반의 창의적 체험 활동을 같은 시간대로 편성한다면, 여러 반의 학생들이 시청각실에서 함께 사회참여 활동 실천 경험을 들을 수 있습니다. |

(3) 학교 구성원들과 연대하기

이처럼 학년별 연대 활동 프로젝트를 진행하려면 학교 구성원들과 교육 활동 전반에 대해 의논할 시간이 충분히 필요합니다. 구성원의 논의와 합의에 바탕을 두고 계획을 세우면 연대의 대상과 방법도 보다 다양해질 수 있습니다. 학교 벽화 그리기, 우리 동네 담배꽁초 줍기, 벼룩시장 열기, 우리 동네 하천 수질 검사 및 EM 흙공 던지기 등과 같이 봉사 활동과 연계된 다양한 연대 프로젝트도 가능해집니다.

그러기 위해서는 교직원 회의 시간, 교과 협의회 시간을 수업 나눔의 시간으로 활용해야 합니다. 내 옆자리 선생님이 무엇을 가르치고, 어떻게 활동하고 있는지 이해할 때 비로소 주제 중심의 연결과 융합이 가능합니다.

사례   동료 교사와 수업에 대한 이야기를 하다가 5·18을 맞이하여 민주화 운동을 주제로 통합 계기 수업을 하기로 의견이 모였습니다. 수학 교과에서 '암호 풀기를 통해 <임을 위한 행진곡> 가사 쓰기'를, 사회 교과에서 '헌법 개정 역사를 통한 민주화 운동 알아보기'를, 미술 교과에서 '민주화 운동 엽서 그리기'를 하기로 역할을 나누었습니다. 그러자 특정 교과의 진도에 부담을 주지 않으면서도 의미 있는 5월 계기 수업이 이어질 수 있었습니다.

사례   학생들과 플라스틱의 위험성을 알리는 캠페인을 준비하는데 플라스틱의 종류가 워낙 다양하고 명칭도 어려워서 홍보하기가 쉽지 않았습니다. 손쉬운 홍보를 위해 스마트폰 어플리케이션을 만들자는 아이디어도 나왔지만 어플리케이션 만드는 방법을 잘 몰라 이 역시 벽에 부딪힌 상태였습니다. 이러한 어려움을 전문적 학습 공동체에서 진로 선생님께 이야기했더니, 진로 관련 예산으로 어플리케이션 만들기 방과후수업을 열어 수신 것은 물론 진문 강사도 소개해 주셨습니다.

4. 교과에서의 지도 및 수행평가 반영 방법 – 중학교

교과 수행평가로 사회참여 활동을 한다면 대다수 학생에게 사회참여 활동의 '입문 기회'가 제공될 것입니다. 이때 선생님이 잘 안내해 주고 학생 스스로도 재미와 의미를 발견한다면 이후에 자발적으로 동아리를 결성하여 추가적인 활동을 이어가기도 하고, 그렇지 않다고 해도 활동을 통해 배운 것을 떠올리며 시민으로서의 삶을 잘 꾸려 갈 수 있습니다.

　　모든 교육 활동이 그렇겠지만 사회참여 활동은 특히 선생님의 관심과 세심한 지도를 요하는 면이 있습니다. 전략도 잘 세워야 합니다. 그러나 생각하는 것만큼 지도하기가 어렵지는 않습니다.

(1) 동기 부여 방법

'사회참여 활동은 누구나 할 수 있다'는 것을 보여줄 필요가 있습니다. 또래 청소년의 사회참여 활동 사례를 책이나 영상물 등으로 제시하는 것이 좋습니다. 자신보다 훨씬 어린 친구들이 활동했던 사례를 제시하는 것도 효과적입니다.

　　또한 사회참여 활동의 결과로 실제 해결된 모습을 보여주는 것은 동기 부여에 큰 도움이 됩니다. 그러나 눈에 보이는 결과가 없다 하더라도 활동 과정에서 배우는 것 역시 매우 의미 있다는 것을 강조할 필요도 있습니다.

[2] 모둠 편성 시 유의점

가장 좋은 것은 먼저 사회참여 활동 주제를 몇 가지 선정하고 주제별로 희망자를 받는 방법입니다. 그러나 상황이 여의치 않을 때는 함께 활동하고 싶은 친구들과 모둠을 편성하도록 한 뒤에 모둠 내 의논을 통해 주제를 선정하도록 할 수 있습니다.

사회참여 활동은 자발성이 가장 중요하기 때문에 모둠 내의 여학생과 남학생 비율을 맞춰 진행을 하려다 보면 의견이 잘 맞지 않아 활동이 어그러지는 경우도 있습니다. 그러므로 모둠 편성 시에는 최대한 학생의 의사를 존중해야 합니다. 대신, 모둠 편성 방법, 모둠별 최대 인원, 어느 모둠에도 편성되지 못한 친구가 생길 때는 어떻게 해결할 것인지 등에 대해 학생들과 미리 의논을 하는 것이 좋습니다.

[3] 사회참여 계획서 작성 확인

사회참여 계획서를 잘 작성했는지 확인하는 것이 선생님의 역할 중 가장 중요한 부분입니다. 주제에 따라 알맞은 활동이 계획되어 있는지, 무리하거나 비현실적인 내용이 포함되어 있지는 않은지, 안전상에 문제가 될 만한 활동은 없는지 등을 점검하고 계획서 상단이나 하단에 선생님의 확인 날인과 비상시 연락처, 주의사항 등을 작성한 뒤, 원본은 선생님이 보관하고 사본을 모둠원 수만큼 만들어 되돌려줍니다. 되돌려주면서 활동 중 어려움이 있을 때 언제든 전화나 문자로 연락하라고 당부합니다. 또한 공무원이나 지역 주민을 만나 활동 경위를 설명할 때 선생님의 날인이 된 계획서를 보여 드리면 더 잘 이해하실 것이라고 말합니다.

(4) 중간 피드백

사회참여 활동을 시작할 때는 개념 소개, 사례 소개, 모둠 편성, 계획서 작성법 안내, 활동 양식 작성 안내 등을 하느라 선생님이 바쁩니다. 그런데 본격적인 참여 활동이 시작되면 학교 밖에서 이루어지는 활동이 많고 모둠별로 주제와 방법이 다 다르니 진행이 잘 되고 있는지 점검이 어려울 수 있습니다. 조사 활동부터 실천 활동까지 약 한 달 정도의 기간을 기다린 후 교실에서 최종 발표를 듣게 되는데, 활동이 다 끝난 뒤에 제공하는 교사 피드백은 더 이상 수정해 볼 기회가 없다는 아쉬움만 남깁니다. 이에 대한 대안은 〈중간 발표〉를 하는 것입니다. 문제에 대해 '조사하는 활동' 두 가지 정도를 2주 안에 마무리 지은 뒤 그 활동에 대해 발표하는 방식입니다. 대개 인터넷 조사, 현장조사, 설문조사, 관련자 면담 조사 등에서 선택적으로 두 가지를 하게 됩니다. 중간 발표를 듣고 조사가 덜 된 부분이나 조사의 신뢰도를 높일 수 있는 방법 등을 조언하고 다시 2주 후의 〈최종 발표〉 전까지 '해결 활동'을 적극적으로 실행하도록 격려합니다. 학생들도 다른 모둠의 진행 상황을 보면서 자극을 받으므로 분위기 조성 면에서 효과적입니다. 중간 발표를 할 때 특히 중점적으로 살펴보아야 하는 것은 설문조사의 경우 표집 인원, 표집 대상, 조사 시기 및 장소 등을 명확히 밝혔는지, 인터넷 조사의 경우 출처가 명확한지, 그 밖의 조사 활동의 경우에도 양심에 따라 윤리적으로 조사 활동을 수행했는지 등입니다.

(5) 평가

교과에서의 사회참여 활동은 '조사 활동 두 가지 이상, 해결 활동 두

가지 이상'과 같이 다소 구조화된 형태로 진행됩니다. 부득이 평가를 염두에 두어야 하기 때문이지요. 평가 기준은 다음과 같이 일곱 가지 정도로 할 수 있습니다.

① 사회참여 활동에 대해 바르게 이해하고 적합한 주제를 선정했는가?
② 선정한 주제에 대한 조사를 다양한 방법(인터넷 조사, 현장 답사 조사, 설문조사, 관련자 면담 등)으로 두 가지 이상 수행했는가?
③ 조사 활동 후 출처를 명확히 밝히고 분석을 바르게 했는가?
④ 적절한 해결 방안을 두 가지 이상 제시했는가?
⑤ 제시한 해결 방안을 직접 실천했는가?
⑥ 구성원간의 역할 분담이 적절하고, 구성원 모두 적극적으로 참여했는가?
⑦ 활동 내용을 체계적으로 정리하여 발표했는가?

　　사회참여 활동을 경험한 것만으로도 이미 배움이 이루어졌고 사회참여에 도전한 용기 하나만으로도 칭찬할 만하기 때문에 활동의 질을 따지기보다는 계획한 가짓수만큼만 해내면 만점을 주고 있습니다. 그런데 모둠 활동이다 보니 점수를 매길 때 곤란한 경우가 생기기도 합니다. 모둠 구성원 중 누군가 맡은 역할을 제대로 하지 않아 불평을 할 때지요. 그럴 때 책임은 역할을 하지 않은 본인에게 가장 많이 있고 그 친구에게 적절한 역할을 부여하지 못한 다른 모둠 구성원에게도 약간은 있습니다. 본인과 모둠원 모두가 수긍하고 인정한다면 해당 학생에게는 모둠 평균 점수보다 한 단계 낮은 점수를 줄 수 있습니다.

5. 교과에서의 지도 및 수행평가 반영 방법 – 고등학교

고등학교에서 교과 수업과 수행평가를 계획할 때 교사는 교육과정도 면밀히 살피지만 학생들의 입시와 취업에 도움이 될 수 있는 방법도 다각도로 고민합니다.

사회참여는 학생 개개인의 역량을 강화하기 때문에 교육 이념 및 교육 과정을 실현하는 동시에 입시와 취업 준비에도 도움이 될 수 있습니다. 남을 설득하는 능력, 논리적으로 글을 쓰는 능력이 향상되고 사회 발전에 기여한 경력을 갖게 되기 때문입니다. 교과에서 경험한 사회참 여를 바탕으로 동아리 활동이나 외부 대회 및 행사(청소년 정책 아이 디어 공모전, 청소년사회참여발표대회 등) 등 자신만의 진로 포트폴리 오를 축적해 갈 수도 있습니다.

(1) 교육과정 재구성하기

지필평가의 비율이 높으면 수업에서 학생의 참여를 이끌어 내기 어렵습 니다. 수업에서 학생이 주체적이고 적극적으로 참여할 수 있도록 수행 평가의 비율을 높일 필요성이 있습니다. 학생이 생각하고 토론할 시간 을 확보하기 위해, 교과서의 내용을 순서대로 다루기보다는 주제별로 나누고 선택할 필요도 있습니다. 이렇게 교육과정을 재구성하려면 같은 교과를 가르치는 선생님과의 협의도 필수적입니다. 예를 들어, 사회참 여 활동을 포함시킨 수행평가의 비율은 다음과 같이 할 수 있습니다.

평가 종류	수행평가				계
	학습 일기	수업 참여도	토론	사회참여 활동	
학기말 반영 비율(%)	15	10	15	20	60

(2) 사회참여 활동 전에 '토론 활동'을 먼저 하기

사회참여 활동이 이벤트성 수업이나 형식적인 행사에 그치지 않고 우리 사회의 문제에 대해 깊이 있게 생각한 후 실천으로 옮길 수 있도록 하려면 토론 활동을 하는 것도 필요합니다. 사회의 문제라고 하는 것들도 가만히 들여다보면 어느 한 주장만이 옳다고 할 수 없고 서로 다른 주장들이 충돌하는 경우가 많습니다. 그렇기 때문에 사회참여 활동에 앞서, 우리 사회의 논쟁 문제들에 대해 학생들이 탐구하고 토론하는 활동을 한다면 문제의 원인을 분석하여 보다 적합한 해결 방안을 찾을 수 있고, 또 사회참여 활동에서 고려해야 할 점을 알아 갈 수 있습니다.

토론 주제 선택

토론 주제는 교과의 관련 단원과 연계할 수 있는 문제, 학생의 사회참여 주제와 관련된 문제일수록 좋습니다. 예를 들어 학생이 사회참여 활동의 주제로 낙태죄 폐지를 선택했다면, 이를 토론 주제로도 선정하여 우리나라 헌법과 법률에서 태아의 기본권과 법률적 지위를 어떻게 다루고 있는지와 여성의 권리와 관련된 사회적 배경 등 관련 부분을 같이 탐구하고, 낙태죄 폐지에 대해 찬반 의견을 나누어 보는 것입니다.

주제별 소집단 토론 수업의 흐름

1) 논쟁 문제 선택 및 주제별 소집단 결성
— 교사와 학생이 의논하여 단원 주제와 연계된 논쟁 문제를 다양하게 선정
— 한 주제에 4~6명의 학생이 찬성과 반대 의견으로 나누어 선택

2) 논쟁 문제 발표와 토론
— 해당 주제를 이끌 소집단이 논쟁 문제의 정의, 사회적 배경, 자신의 주
　장과 근거를 PPT로 정리하여 3~5분 동안 발표
— 발표가 끝나면 찬성 측과 반대 측이 마주 보고 앉아 20분간 토론
— 다른 학생들은 토론을 들으며 경청 일기를 작성하고 반박 및 질문 시
　간에 토론에 참여
— 다음 시간에는 다른 주제의 소집단이 같은 방법으로 발표와 토론을 주도

토론 활동을 할 때 유의할 점

— 토론의 승자를 가리지 않습니다. 사회문제는 옳고 그름의 대립이라기
　보다는 각자의 입장에 따른 논리들이 상충하는 문제인 경우가 대부분
　입니다.
— 대립하는 의견을 무리하게 타협하도록 하지 않습니다. 각자의 입장에
　서 타협 가능한 영역이 있고, 그렇지 않은 영역이 있습니다. 무리한 타
　협은 토론의 승자와 패자를 가르도록 할 수 있습니다.
— 토론에서 다양한 의견이 충분히 논의될 수 있도록 합니다. 또한 토론
　에서 다루어진 의견들을 고려하며 사회참여 활동을 계획하고 실천할
　수 있도록 지도합니다.

토론의 유형과 방법

토론 수업의 유형은 수업의 목표와 수업 상황 등을 고려하여 교실에서 실현하기에 적합한 형태로 구성하면 좋습니다. 한 가지 예시로 주제별 소집단 토론 수업의 방법과 유의할 점(왼쪽 면 참조)을 소개합니다. 대부분의 토론 수업은 충분한 시간 동안 주제에 몰두할 수 있도록 블록 수업으로 운영하는 것이 좋습니다.

(3) 사회참여 활동을 독려하는 방법

교과의 내용과 연결 지어 사회문제의 해결에 영향을 미친 다양한 요소를 살핍니다. 예를 들어 형사소송법을 공부하면서 공소시효 연장에 영향을 끼친 영화를 다룬다면 '영화라는 매체는 사회문제 해결에 어느 정도 영향을 미칠 수 있을까?', '영화 외에 공소시효 연장에 영향을 미친 요소에는 무엇이 있을까?' 등을 질문할 수 있습니다.

모둠원간에 친밀감과 상호 믿음이 형성되어 있다면 사회참여 활동도 즐기는 마음으로 수월하게 진행됩니다. 물론 교사가 억지로 친하게 만들어 줄 수는 없지만 수업 시간에도 사회참여 활동 모둠으로 앉도록 하고 협력하여 해결할 수 있는 간단한 과제를 주어 분위기를 조성할

주제 선정을 위한 학생 활동

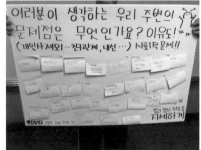

수는 있습니다. 사회참여 활동 모둠으로 앉게 되면 틈새 시간을 활용해 회의할 수 있다는 장점도 있습니다.

주제 선정 과정에서 학생과 끊임없이 대화합니다. 주제를 찾는 과정은 결코 쉽지 않지만 고민 끝에 마음에 드는 주제를 찾게 되면 의욕이 생겨나 이후의 활동을 일사천리로 진행할 수 있습니다. 간혹 문제를 해결하기에 적합한 방법을 찾기보단 실천하기 편한 방법을 선택하는 경우도 있습니다. 학생들에게 사회참여 활동 계획서를 작성하도록 하고, 이에 대해 질문하며 학생들이 방향을 잡을 수 있도록 관심을 가져야 합니다.

(4) 지역 문제는 지방자치제도를 활용해 제도적으로 해결할 수 있도록 안내하기

고등학생이라 하더라도 주민참여예산제 등 주민의 직접 참여가 가능한 제도에 대해 잘 모르고 있는 경우가 많습니다. 지역과 관련된 문제 대부분은 지방자치단체에 민원을 제출하더라도 '예산이 확보되어야 해결 가능하다'는 답변을 받습니다. 따라서 주민참여예산제에 참여해 자신들이 해결하고자 하는 분야에 예산이 편성되도록 적극적으로 의견을 개진하면 바라는 결과를 실제로 얻을 수 있습니다. 요즘에는 주민참여예산제와 관련해 청소년 위원회를 따로 운영하는 지방자치단체도 많습니다. 각 학교에 청소년 위원회 선발 공고가 오기 때문에 교사가 관심을 갖고 안내해 주면 더 좋습니다.

[5] 평가의 유의점

사회참여 활동의 대부분은 교실 밖에서 이루어질 수밖에 없습니다. 과제 평가가 아니라 과정 평가가 되기 위해 다음을 고려해 주세요.

— 사회참여 활동의 계획과 중간 점검 활동(평가 기준 예시: 계획력, 중간 평가)은 교실에서 수업 중 이루어지도록 하여 과정을 관찰하고 교사가 지도합니다.

— 평가 기준 예시를 보면 탐구력 평가 시 평가 기준 1~6은 객관적으로 평가 가능하지만, 평가 기준 7, 8에서 주관적인 평가라고 느낄 수도 있습니다. 하지만 학생들이 사회참여 활동을 교실에서 공유하면서 서로의 활동의 깊이와 수준에서 차이가 난다는 것을 알게 되고 학생들도 스스로 자신의 활동을 돌아보게 됩니다.

— 특히 사회참여 활동을 공유하는 발표 시간에 학생들이 충분히 질의응답을 할 수 있도록 하면 서로에게 성장의 기회가 됩니다. 학생들의 질문을 통해 사회참여 활동을 했던 친구들조차도 깨닫지 못했던 바를 알 수 있고, 자신의 활동을 돌아보게 됩니다. 또한 질문에 대답하는 학생들의 태도를 통해서도 사회참여 활동에 어떤 의미를 두고 실천했는지를 가늠해 볼 수 있습니다.

사례   <뮤지컬, 연극 등 공연물에 대한 연령 등급제 미비 문제>를 해결하려는 친구들의 발표를 듣고 한 친구가 이렇게 질문했습니다. "노래 가사 중에 평소 많이 쓰는 말인데도, 성적이거나 폭력적이라는 이유로 금지되는 경우가 많아서 연령 등급제 적용으로 인해 표현의 자유가 억압받는 면이 있습니다. 반면 유튜브나 개인 방송에서는 훨씬 더 심한 내용이 방송되더라도 연령 등급제가 적용되지 않아 역시 문제입니다. 이에 대해 어떻게 생각

하나요?" 발표하는 친구들은 이 질문을 듣고 주제에 대해 더 탐구하겠다
고 약속했습니다.

사례 <시각장애인을 위한 점자 메뉴판 보급>을 주제로 사회참여 활동을 한 모
둠이 발표를 하면서 시각장애인과 일반인이 함께 보는 점자책을 소개했습
니다. 발표를 들은 친구는 "이 점자 책 안의 내용엔 점자와 글씨가 함께 있
어 점자를 이해하는 데 도움이 되지만, 이 책의 표지에는 점자가 쓰여 있지
않습니다. 그렇다면 시각장애인은 이 책이 시각장애인을 위한 책인지 어
떻게 알 수 있지요?"라고 물었습니다. 발표 모둠은 장애인 인권에 대한 고
민이 부족했음을 인정하고 후속 활동을 이어 가기로 했습니다.

사례 평가 기준

평가 영역	평가 내용	평가 기준	배점
계획력	사회참여 활동에 대한 계획이 체계적인가?	계획서를 작성하여 제출한 경우	1
		계획서를 제출하지 않은 경우	0
중간 평가	사회참여 활동이 충실하게 진행되고 있는가?	활동 과정에 4번 이상 참여한 경우	4
		활동 과정에 3번 참여한 경우	3
		활동 과정에 2번 참여한 경우	2
		활동 과정에 1번 참여한 경우	1
탐구력	1. 사회문제 배경과 주제로 선정한 이유를 제시했는가? 2. 사회문제를 주제로 현재 참여 활동을 하고 있는 개인, 정당, 시민단체, 이익집단 등을 소개했는가? 3. 사회문제에 대한 모둠의 의견과 다른 의견이 있는지 조사하고, 그 이유를 분석했는가? 4. 사회문제와 관련된 기존의 사회 정책 또는 법률과 한계점을 제시했는가? 5. 사회문제를 해결하기 위해 추가적으로 필요하거나 개정되어야 하는 사회 정책 또는 법률을 제안했는가? 6. 이와 관련된 사회참여 활동을 2가지 이상 실천했는가? 7. 사회참여 활동이 다양하고 지속성을 가졌는가? 8. 사회참여 활동을 실천한 뒤 성찰적으로 반성했는가?	평가 요소 중 8가지를 수행한 경우	7
		평가 요소 중 7가지를 수행한 경우	6
		평가 요소 중 6가지를 수행한 경우	5
		평가 요소 중 5가지를 수행한 경우	4
		평가 요소 중 4가지를 수행한 경우	3
		평가 요소 중 3가지를 수행한 경우	2
		평가 요소 중 1~2가지를 수행한 경우	1
발표력	1. 활동 내용을 논리적으로 발표했는가? 2. 청중을 바라보며 전달력 있게 발표했는가? 3. 청중의 질문에 충분하게 답변했는가? 4. 발표 분량이 적절한가?	평가 요소 중 4가지를 수행한 경우	4
		평가 요소 중 3가지를 수행한 경우	3
		평가 요소 중 2가지를 수행한 경우	2
		평가 요소 중 1가지를 수행한 경우	1
경청 태도	1. 다른 모둠의 발표 내용에 대해 경청 일기를 작성했는가? 2. 다른 모둠의 발표 내용에 대해 적절한 질문이나 비판을 했는가? 3. 올바른 태도로 다른 모둠의 발표를 경청했는가?	평가 요소 중 3가지를 수행한 경우	3
		평가 요소 중 2가지를 수행한 경우	2
		평가 요소 중 1가지를 수행한 경우	1
준비성	사회참여 활동 보고서를 제출했는가?	제출한 경우	1
		제출하지 못한 경우	0

사례   생활기록부 기록

지역사회 문제 해결 실천 활동에서 의정부시 경전철 사업 문제점 파악 및 시민을 위한 공간으로의 활성화 방안을 주제로 선택하여 역사를 방문해 문제점을 파악하고, 사회간접자본에 대한 민간투자 사업과 해외 사례를 공부한 뒤, 지역사회 문제를 알리는 캠페인을 전개하고, 문제 해결을 위한 공공 정책을 시청에 직접 제안함. 민간투자 부분이 어려운 내용임에도 불구하고 계속해서 공부하고, 이를 정리하여 모둠원들에게 알려주는 등 끈기 있고 깊이 있는 탐구와 실천 모습이 돋보임.

간접흡연 문제를 해결하기 위한 흡연 부스 설치를 주제로 사회참여 활동을 함. 국민건강증진법과 지역의 금연구역 지정 조례의 문제점을 지적하고, 시의회 회의록을 통해 얻은 정보에 근거하여 금연 지도원과 단속원의 권한과 인원을 늘리고, 담배세의 일부를 흡연자를 위한 시설 확충에 힘써 흡연권과 혐연권을 조화시키는 해결 방안을 제시하고, 담배꽁초 줍기와 캠페인, 시민 청원 활동을 전개함. 지역의 문제에 대해 의정 활동에서 충분한 논의가 이루어지고 있는지 의회 회의록을 적극적으로 검토하는 자세를 가짐.

6. 동아리 활동 이끌기

사회참여 동아리 구성은 잘 안 됩니다. 학생들은 동아리 선택을 '편하고 쉬운 것인가?' 혹은 '전통적으로 그 학교에서 뿌리를 탄탄히 내리고 있는가?'와 같은 기준에 따라 하곤 합니다.

제가 근무한 학교에서는 방송반, 연극반이 그런대로 이어져 왔고 밴드반과 댄스반도 다소 유지되어 왔습니다. 이에 반해 제가 구성하고자 했던 '사회참여 동아리', '민주인권 동아리'는 인기도 별로 없었고, 1년 잘 되다가 그다음에 이어갈 후배가 없어서 문을 닫곤 했습니다. 그런 중에도 2004년의 '구로구 학생의회'와 2016~2017년의 'DDC'(대영민주인권동아리)의 활동은 인상 깊게 기억됩니다. '구로구 학생의회'는 노무현 참여정부라는 사회적 분위기 덕을 조금 보았고 'DDC'는 학생들의 적극성과 열의가 컸습니다. 물론 담당 교사가 끊임없이 사회참여 활동을 소개하고 수행평가로 과제를 부과한 것도 바탕이 되었을 것입니다. 교사에게 도움이 될 수 있는 것을 소개해 봅니다.

(1) 학생이 관심과 자신감을 갖게 하기

학생이 사회참여 동아리에 참여한 이유는 평소에 시민의 참여로 사회가 변화하는 것을 여러 가지로 소개한 덕분이라고 할 수 있습니다. 매년 학생들에게 수행평가로 사회참여 활동을 하도록 하여 사회참여를 자연스럽게 생각하고 자신감을 갖게 한 것도 도움이 되었습니다. 소개하는 동아리 모두 2학년 선배 학생이 주도적으로 나서고 1학년 학생이 호응하면서 동아리가 구성된 것으로 보아서 그렇습니다.

[2] 학생 의견 존중하기

사회참여 동아리는 주도하는 학생과 호응하는 학생이 어우러져야 잘 구성됩니다. 이렇게 구성이 되면 활동 계획을 짜야 하는데, 학생들이 토론을 하고 스스로 계획을 세우도록 돕는 것이 중요합니다. 교사가 다소 무리하게 선도하면 학생들의 역동적인 활동을 이끌어 내기 힘듭니다.

물론 학생들에게 선택하고 참고할 수 있는 사례를 소개하는 것이 도움을 많이 줄 수 있습니다. 다른 학교 및 사회참여 대회에서의 학생들의 활동 사례를 재미있게 소개하거나 학생들이 직접 찾아보도록 하는 것도 도움이 되곤 합니다.

[3] 학생 처지에 맞는 계획 세우기

학생들은 열의에 차서 동아리를 만들겠다고 하고서는 막상 계획을 세우고 계획에 따라 활동을 추진하는 과정에서 열의가 식는 경우가 발생합니다. 이런 경우, 편히 휴식 갖기, 독서하기, 영화보기, 지방자치단체 의회 및 국회 방문하기, 대학 방문하기, 유적지 답사하기, 강사 초빙해 강연 듣기 등을 하면서 여유를 갖고 구성원끼리 단합하거나 다시 활동할 의욕을 갖도록 할 수도 있습니다.

무리하게 욕심을 내지 않고 학기별로 한 가지씩 한다는 생각으로 1년에 두 가지 정도를 충실히 하면 사회참여 동아리로서 잘 활동했다고 볼 수 있습니다.

(4) 동아리 활동 결과를 전체 학생과 함께 나누기

그동안 동아리 활동에 간접적으로 참여하거나 호응해 준 학생들과 교직원에게 보고를 한다는 마음으로 동아리 활동 결과를 함께 나누는 것이 좋습니다. 축제 기간에 청소년 의회 활동 사례 게시하기, 소녀상 학교 현관에 설치하기, 배지 만들어 배부하기 등이 이런 취지에서 이루어졌습니다.

(5) 동아리 활동 사례

구로고등학교 '구로구 학생의회'

'구로구 학생의회'의 뛰어난 점은 지역 단위의 청소년 의회(청소년 위원회)를 운영해 보자는 좋은 취지가 있었다는 점입니다. 프랑스나 독일의 경우 시·군·구 단위의 청소년 의회를 구성하여 운영하고 있고, 일본은 고등학교 내에 지역사회의 학생 의회를 구성하여 운영한 사례가 있습니다. 우리나라에서는 2003년부터 몇 년간 대한민국 청소년 의회, 광주 청소년 의회가 운영된 바 있습니다. 이런 활동에 동참하는 취지로 우리도 지역 단위의 청소년 의회를 만들어 보자고 한 것입니다.

구로구청에서 구로 청소년 관련 시정에 대하여 브리핑을 받는 모습(2004. 5. 21.)

　1년 간의 대표적인 활동은 구청 방문, 청소년 수련관 방문, 안양천 답사, 안양천변 시설 확

인, 청소년 의회 소개 활동, 지역 개선 방안 응모, 건의문 작성 및 제출이었습니다.

학기 초에 3학년이 주축이 되어 다음과 같은 가입 홍보물을 게시해 1, 2학년 학생을 모집했습니다. 학생 의회의 의미를 잘 알렸던 홍보물이라 생각하여 소개합니다.

〈구로고등학교 구로구 학생의회〉에 가입합시다.

구로구는 우리가 살고 있는 소중한 마을입니다. 우리 마을을 보다 살기 좋은 곳으로 만드는 데 앞장서 보지 않으렵니까?

구로구를 친근하고 살기 좋은 곳으로 만들기 위해 〈구로고등학교 구로구 학생의회〉를 구성하려고 합니다. 이곳에서 우리 마을의 자랑거리도 찾아 이야기하고 개선할 점도 함께 논의해 봅시다. 구로구 의회에 건의도 하고, 구청장님과 면담을 신청하여 대화의 시간도 가져 봅시다. 그리고 무엇보다도 좋은 사회를 만들기 위해 우리 나름대로 계획을 세워 활동을 해 보면 더욱 즐겁고 보람 있는 동아리 활동이 되지 않을까요?

이러한 일을 체계적으로 하기 위해 학생 의회를 만듭니다. 이 학생 의회는 외국에서는 사례가 있지만 우리나라에서는 최초로 만들어지는 것입니다. 얼마나 재미나고 흥미 있는 일인가요!

시안으로 다음과 같은 규정을 만들어 보았습니다. 잘 살펴보고 많은 신청 바랍니다.

> 제1조 〈구로고등학교 구로구 학생의회〉(이하 의회)는 구로구에 거주하는 구로고등학교 학생들을 대변하여 학생들의 의견을 구로구에 전달함으로써 청소년을 비롯한 구로구 주민들의 권익을 향상하고, 궁극적으로 구로구가 복지사회로 발전하는 데 기여함을 목적으로 한다.
>
> 제2조 이 규정은 의회의 조직·의사 기타 필요한 사항을 정함으로써 의회의 민주적이고 효율적인 운영에 기여함을 목적으로 한다.
>
> 제3조 이 의회는 구로구에 거주하는 구로고등학교 학생 중 구로구 학생의회 활동을 자원하는 학생들로 구성한다.

비록 이 활동은 지속되지 못했지만 언젠가 각 학교별로 학생 의회가 만들어지고 활성화될 때 구로고등학교의 사례가 하나의 모형이 되

어 줄 수 있을 것입니다. 또 언젠가는 학교별 의회가 지역사회의 청소년 의회로까지 연결될 수 있지 않을까 하는 구상과 기대를 해 봅니다. 꼭 그렇게 되지 않더라도 지역사회와 결합한 민주 시민 교육의 사례, 학생과 청소년도 지역사회의 일원이며 지역사회의 일에 참여할 수 있음을 보여 주었다는 점만으로도 의미가 있다고 생각합니다.

DDC(대영민주인권동아리)

DDC는 학생들이 먼저 주도해 구성하고 저에게 지도 교사를 요청하면서 만들어진 동아리입니다. 함께 의논하여 동아리 활동의 목표를 '모든 대영고 구성원의 민주적 인권 의식 함양, 행복한 대영고 만들기'로 정하고 일정도 짰습니다. 인권 영화 시청과 감상문 쓰기, 노동 인권에 대해 알고 근로계약서 작성하기, 학교 축제에 게시할 패널 만들기 등 교내 활동과 국회헌정기념관, 서대문형무소역사관, 서울남부지방법원, 중앙대학교 등 관련 기관을 견학하는 교외 활동도 했습니다. 사회참여 활동으로는 '세월호 기억리본 만들어 배포하기'와 '일본군 위안부 문제

대영고등학교에 설치된 소녀상

를 알리기 위한 소녀상 설치'를 추진했습니다. 직접 모금을 하고 정규 동아리 시간 외에도 모여서 열성적으로 활동했습니다.

그다음 해인 2017년에는 작년 활동을 이어서 학생들이 DDC 동아리 구성을 위해 열심히 홍보 활동을 했고 신입 회원 면접까지 하면서 동아리 구성원을 모집한 결과 1학년 8명, 2학년 10명으로 모두 18명이 되었습니다. 18세 선거권 토론하기, 학교 교칙을 인권 차원에서 살펴보고 개정 방향 토론하기, 6월 민주항쟁 30주년 기념 청소년동아리 한마당 참여, '대한민국 민주주의 확립 역사' 읽고 토론하기, 인권 향상에 기여한 사건 조사하기, 전쟁과여성인권박물관 견학하기, 대한민국 역사박물관 견학하기 등의 활동을 했는데, 이 중 가장 힘을 기울여 한 것은 '6월 민주항쟁 30주년 기념 청소년동아리한마당 참여'와 '학생 인권 증진을 위한 캠페인 배지 제작하기'였습니다.

6월 민주항쟁을 기리며 진행한 청소년동아리한마당에 〈학생 인권 향상 프로젝트 '함께해요!'〉를 주제로 부스를 마련했습니다.

학생 인권 증진을 위해선 학교 내에서의 인식 변화가 중요하다고 생각하여 학생 인권 증진을 위한 의미를 담은 배지를 만들었습니다. 디자인과 문구는 동아리 부원들의 의견을 조합하여 정했는데 특히 디자인에는 '촛불 시위의 작은 촛불들이 모여서 커다란 변화를 만들었듯이 우리도 함께하면 어두운 바다를 밝히는 등대처럼 빛날 것'이라는 의미를 담았습니다.

7. 초등에서의 사회참여

초등학생들과 어떻게 사회참여 수업을 열어 갈 수 있을까요? 언뜻 생각하면 어린 초등학생들과 사회참여 수업을 하는 것은 참 어렵게 느껴집니다. 하지만 초등학교 현장에서 사회참여는 교육과정과 교과서 속에서 이미 다채롭게 구현되어 있습니다. 처음부터 거창한 수업을 준비하는 것이 아니라 교육과정과 교과서를 다시 살펴보면 좋겠습니다.

(1) 초등학교 사회참여 수업의 시작

초등학생은 학년에 따라 성장과 발달의 차이가 큽니다. 갓 초등학교에 입학한 초등 1학년 학생과 중학교 입학을 앞둔 초등 6학년 학생은 큰 차이가 있지요. 그래서 초등학교에서는 학생의 성장과 발달에 따라 1~2학년군, 3~4학년군, 5~6학년군으로 분류하기도 합니다.

이런 상황 속에서 이미 사회참여 수업은 교육과정과 교과서 속에 많이 제시되어 있습니다. 당장 1~2학년군에 있는 초등학생들은 2학년 통합교과서에서 '우리 동네 탐방'을 주제로 통합 수업을 합니다. 이 수업은 학교 주변 동네를 직접 탐방하면서 동네 지도를 그리고 지역 주민과 간단한 인터뷰를 하는 것입니다. 이 과정을 통해 자신이 살고 있는 곳을 새롭게 마주합니다. 더불어 최근 신설된 '안전한 생활' 교과서에서도 교통안전을 배우면서 동네에 있는 횡단보도와 도로 안전 등을 체험 중심으로 배우게 되지요.

3~4학년군에서는 4학년 사회 교과서에 도시와 촌락의 문제 해결 단원이 있습니다. 이 단원은 자신이 사는 지역의 여러 문제를 학생이 직접 조사하고 해결 방법을 탐구하는 내용으로 구성되어 있습니다. 일련의 과정을 공부하면서 학생은 자연스럽게 사회참여 활동과 만날 수 있습니다.

5~6학년군에서는 6학년 사회 교과서 민주주의 단원에서 일상의 민주주의 내용이 제시되어 있습니다. 발 딛고 있는 삶터에서 마주하는 여러 모습들을 따뜻한 시선으로 관찰하면서 좀 더 보완하거나 개선할 지점 등을 찾아 이를 바꿔 나가는 활동을 할 수 있습니다.

[2] '학교 안전지도' 만들기

초등 교육과정과 교과서에 제시된 '사회참여'와 관련된 내용은 하나의 예시 자료일 뿐이라 막상 사회참여 수업을 진행하는 것은 쉽지 않습니다.

그렇다면 먼저 특별 수업이 아닌 교육과정과 교과서에서 이미 제시된 내용 중 학생과 더불어 손쉽게 할 수 있는 사회참여 활동 사례인 '학교 안전지도 만들기'를 해 보면 좋겠습니다. 초등 저학년부터 시작하는 동네 탐방을 중학년 때 또는 고학년 때 이어서 펼쳐 가는 방식으로, 초등학생도 쉽게 할 수 있습니다.

'마을이 학교다'라는 말처럼 아이들의 보금자리인 학교와 동네를 직접 답사하면서 발견한 문제점들을 학생 스스로의 힘으로 해결하는 방법입니다.

학교 안전지도는 안전 교육과 함께 학생들이 직접 지도를 만들어보는 과정이 어우러집니다. 무엇보다 학교 안전지도 만들기의 좋은 점은 학생의 생활공간 속에서 다양한 가능성과 마주할 수 있다는 점입니다.

학교 주변을 학생들과 함께 돌아보면 흥미로운 점을 찾을 수 있습니다. 통학로를 비롯해서 학생들이 잘 모이는 공간과 위험한 공간을 두루 살펴볼 수 있기 때문입니다.

실제 학교 안전지도 제작은 사전 교육과 현장조사, 지도 제작 및 발표의 과정으로 이뤄집니다.

① 사전 교육에서는 안전한 장소와 위험한 장소로는 어떤 곳이 있는지 살피고, 이를 조사하기 위해서 필요한 것이 무엇인지 알아 보도록 합니다.
② 현장조사에서는 인터넷 등에서 학교 주변 위성 지도를 출력해서 직

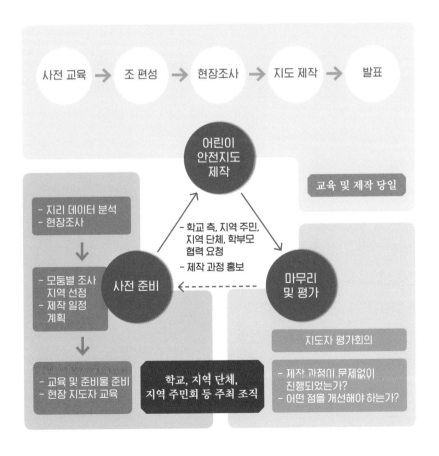

접 해당 장소를 확인합니다. 이 과정에서 학생들은 동네 주민들과 인터뷰 등을 할 수도 있습니다.

③ 이후 모둠별로 조사한 내용을 바탕으로 지도를 제작하고 발표하도록 합니다.

(3) 지역 문제를 해결해 봅시다

학교 안전지도 만들기는 여러모로 뜻깊습니다. 학생이 직접 학교 주변을 살피며 자연스럽게 안전 교육도 되고, 지도를 직접 만드는 체험 교육의 의미도 있기 때문입니다. 또 여기에서 한 걸음 나아가는 교육도 가능합니다. 바로 학생이 학교 안전지도를 만들면서 찾은 문제점을 직접 풀어 가는 것입니다.

현재 학교 안전지도 만들기 교육은 광범위하게 펼쳐지고 있지만 아쉬운 부분도 있습니다. 대개 많은 학교에서 안전지도 제작에만 집중하는 경향이 있기 때문입니다. 물론 지도 제작을 하는 것만도 의미가 큽니다. 문제는 지도 제작만 한다고 해서 안전이 보장되지는 않는다는 점입니다.

학교 안전지도의 핵심은 위험한 곳으로 표시된 곳을 어떻게 안전하게 바꾸느냐입니다. 실제로 여성가족부나 지방자치단체에서도 학교 안전지도 제작에 큰 관심과 지원을 하지만 정작 사후 프로그램에는 소홀합니다. 이런 점들을 고려해 학생과 함께 학교 주변을 안전하게 만드는 활동을 수업으로 펼쳐 가면 좋겠습니다. 지역을 대표하는 구청장이나 군수 등 지자체장에게 편지를 쓰면서 학생들이 직접 의견을 개진하는 것도 좋은 방법입니다.

[4] 통합적 수업하기

이와 더불어 '학교 가는 길'이라는 주제로 아이들과 미술 시간이나 창의적 체험활동 시간을 이용해 사진 촬영 수업을 진행할 수 있습니다. 초등은 일부 교과를 제외한 전 교과를 담임교사가 통합적으로 지도하기 때문에 사회참여 수업을 꼭 사회 시간에만 하지 않고 통합적으로 풀어 갈 수도 있습니다. 학생들이 촬영한 사진 작품을 복도 등에서 전시하고, 이 과정에서 또 다른 유쾌한 모색을 열어 갈 수도 있기 때문입니다.

초등학생에게 사회참여 수업은 민주 시민으로 성장하기 위한 준비 단계입니다. 그리고 배우는 것에만 머물지 않고 우리 사회의 구성원으로서 민주 시민 교육을 몸소 체험하는 것입니다. 이러한 과정을 통해 민주 시민 교육은 지식이 담긴 명사로만 존재하지 않고 역동적인 생활 세계와 함께 어우러지는 동사로 바로 지금 이 순간 우리와 함께 살아 숨 쉬게 됩니다.

부록

청소년의
사회참여
활동 터전

학생자치회

"학교까지 오는 버스 배차 간격이 커서 지각을 자주 해요.""친구들과 자율 동아리 활동을 하는데 동아리 방이 없어서 불편해요." 학교에서 겪는 불편함이나 건의 사항이 있을 때 어떻게 할까요? 학생자치회를 통해서도 사회참여가 가능합니다. 학생자치회는 학교에서 재학 중인 모든 학생을 대상으로 자율적이고 적극적인 학생 자치 활동을 할 수 있는 조직입니다. 학생총회, 학급회, 학생자치회, 학생자치회 운영위원회 등으로 구성되어 있어요. 학생자치회 활동을 통해 우리의 의견을 학교 정책에 반영할 수 있을 뿐만 아니라 학교의 축제와 행사를 우리 스스로 기획하고 실행할 수 있습니다.

학생자치회 조직과 역할 예시

회장, 부회장	학생 자치 활동 총괄 및 운영, 학생자치회 운영위원회 및 대의원회 운영
기획부	학생 자치 활동 관련 각종 기획, 대의원회 회의록 관리 등
문화예술부	학생자치회 행사 추진(체육대회, 축제, 친구 사랑의 날 등)
홍보부	학생자치회 소식지 발간과 학생자치회 사업의 대내외 홍보 활동 등
체육부	학생 스포츠클럽 활동 활성화 및 학급 대항 스포츠클럽 대회 추진 의견 반영 등
봉사부	학교 내외 봉사 활동 추진 등
급식부	학생 선호노 높은 급식 메뉴 반영 등
학생인권부	학생 인권에 관한 사항과 학생 복지 향상 등

학교 정책 반영 과정

문제 확인   학생들의 문제 제기 및 확인

⬇

건의   ① 학급회의 시간에 안건 건의
          ② 학생자치회 소통함 건의 접수
          ③ 학생자치부서에 직접 건의

⬇

협의   대의원회, 학생대토론회 등을 통한 안건 상정, 협의, 결정

⬇

간담회 개최   학교장과의 간담회, 학교운영위원회, 교무회의 등에
          회의 결과 제안

⬇

학교장 승인   발의된 내용에 대한 학교장 승인

⬇

공고   학급회의 시간, 학교 게시판, 학교 홈페이지 등에 확정안 공고

⬇

실천   결정되고 승인된 내용 실천

⬇

평가   실천 내용 평가

청소년 정책 참여 기구

청소년이 정책 과정에 참여해 청소년과 관련된 정책을 직접 실현시킬 수 있는 정책 참여 기구로 청소년특별회의, 청소년참여위원회, 청소년 운영위원회가 있습니다. 학교 밖에서 다양한 지역에서 활동하고 있는 청소년들과 함께 청소년 관련 정책을 직접 제안할 수 있답니다.

청소년특별회의

청소년과 청소년 전문가가 함께 참여하여 범정부적 차원의 청소년 정책을 설정 추진 및 점검을 하는 회의를 청소년특별회의라고 합니다. 청소년기본법 제12조에 의해 매년 개최되는 청소년특별회의에서는 지역별 정책 과제를 체계화하고 최종 정책 과제로 도출하여 제안하고 있습니다.

> **법적 근거**
> 청소년기본법 제12조 (청소년특별회의의 개최) ① 국가는 범정부적 차원의 청소년 정책과제의 설정·추진 및 점검을 위하여 청소년 분야의 전문가와 청소년이 참여하는 청소년특별회의를 해마다 개최하여야 한다.

청소년참여위원회

청소년참여위원회는 정부 및 지방자치단체의 청소년 정책을 만들고 추진하는 과정에 주체적으로 참여할 수 있도록 마련된 제도적 기구입니다. 정부 및 지방자치단체의 청소년 관련 정책 및 사업에 대한 청소년의 의견을 제시하고, 자문과 평가를 할 수 있어요. 또한 청소년 관련 프로그램, 토론회에 참여하고, 캠페인도 전개할 수 있습니다.

시·도 청소년참여위원회의 위원은 시·군·구 청소년참여위원회 대표(당연직)와 기관 추천, 청소년 선거 등으로 구성된 위원(위촉직)으로 구성됩니다. 또한 17개 시·도 청소년참여위원회 위원을 청소년특별회의 위원으로 위촉하고 있습니다.

법적 근거

청소년기본법 제5조의2(청소년의 자치권 확대)

③ 국가 및 지방자치단체는 청소년과 관련된 정책 수립 절차에 청소년의 참여 또는 의견 수렴을 보장하는 조치를 하여야 한다.

④ 국가 및 지방자치단체는 청소년 관련 정책의 수립과 시행과정에 청소년의 의견을 수렴하고 참여를 촉진하기 위하여 청소년으로 구성되는 청소년참여 위원회를 운영하여야 한다.

⑤ 국가 및 지방자치단체는 제4항에 따른 청소년참여위원회에서 제안된 내용이 청소년 관련 정책의 수립 및 시행과정에 반영될 수 있도록 적극 노력하여야 한다.

청소년운영위원회

청소년운영위원회는 청소년 수련시설*의 운영 및 프로그램 등을 청소년이 직접 자문·평가토록 함으로써 청소년의 수요와 의견을 반영하기 위한 기구입니다. 여러분이 살고 있는 지역의 생활권 내에 청소년수련시설이 있어요. 청소년수련시설의 프로그램에 여러분의 의견을 직접 제안하여 우리가 주인이 되는 시설을 만들어 나가도록 해요.

* 청소년 수련시설은 청소년이 지역(마을)에서 행복하게 성장하고 자신의 미래를 당당하게 준비할 수 있도록 지원하는 청소년 전용 시설입니다. 청소년 수련관, 청소년 수련원, 청소년 문화의 집, 청소년 야영장, 유스호스텔, 청소년 특화시설이 있습니다.

청소년 수련 시설
(http://youthnet.or.kr)

법적 근거

청소년활동 진흥법 제4조(청소년운영위원회)

① 제10조 제1호의 청소년수련시설(이하 "수련시설"이라 한다)을 설치·운영하는 개인·법인·단체 및 제16조 제3항에 따른 위탁운영단체(이하 "수련시설운영단체"라 한다)는 청소년활동을 활성화하고 청소년의 참여를 보장하기 위하여 청소년으로 구성되는 청소년운영위원회를 운영하여야 한다.

주민참여예산제의 참여예산청소년위원회

각 지역마다 도입되어 있는 주민 참여 예산 제도에는 시민위원회가 구성되어 있어서 지역 주민이 직접 예산 편성에 참여할 수 있습니다. 최근에는 지역 내 청소년의 의견을 수렴하기 위해 청소년위원회를 함께 구성합니다. 이뿐만 아니라 청소년 예산정책 제안대회 등을 함께 여는 지역도 있습니다. 우리 지역의 살림을 꾸려 나가는 일에 함께하는 것도 사회참여입니다.

청소년의회

대한민국청소년의회
(http://youthassembly.
or.kr)

여러분의 의견을 대한민국 청소년의회에 전할 수도 있습니다. 청소년 의회는 만 14~19세 청소년으로 구성된 NPO(비영리민간단체)로 청소년의 인권과 권익 신장을 위한 활동을 하는 단체입니다. 청소년 국회의원이 되어 청소년의 인권 보호 및 권익 향상을 위한 입법 청원과 캠페인을 진행할 수 있습니다. 청소년의회에서는 청소년 의원뿐만 아니라 기자단, 비평단, VJ 활동도 할 수 있습니다.

민주화운동기념사업회 청소년사회참여발표대회

청소년사회참여발표대회
(http://youth.kdemo.
or.kr)

민주화운동기념사업회에서는 청소년의 사회참여 활성화를 위해 2009년부터 전국 단위의 민주 시민 교육 사업을 개최하고 있습니다. 청소년이 자기 주변에서 발생하는 사회문제에 대해 원인과 대안을 조사하고, 공공 정책 제안 활동을 위해 문제를 해결하는 과정에 참여한 경험을 발표하는 청소년 사회참여 발표 대회입니다.

과거 2000년부터 2008년까지 성공회대학교에서 주최한 '전국 청소년 사회참여 발표 대회'가 있었는데요. 8회 대회까지 2500여 명의 학생들이 대회에 참여해 사회참여 활동의 경험을 공유했습니다. 그런데 이 대회가 더 이상 열리지 않게 되었고, 이를 아쉽게 여기던 여러 선생님들과 시민사회단체 관계자들, 대학교 교수들의 노력으로 다시 청소년 사회참여를 위한 대회가 개최된 것이지요. 매년 개최되고 있는 이 대회에는 해마다 100여 개의 모둠이 참가하고 있습니다. 예비 심사를 거쳐 총 12개 모둠이 본선에서 발표합니다. 대회에 참가한 청소년들의 사회참여 활동이 궁금하고, 이 대회에 관심이 있다면 홈페이지를 방문해 보세요.